D1325815

VERTROUWEN

FELIX COHEN

VERTROUWEN

10 jaar consumentenkwesties

1ᵉ druk, maart 2010

Copyright 2010 © Consumentenbond, Den Haag
Auteursrechten op tekst, tabellen en illustraties voorbehouden
Inlichtingen Consumentenbond

Auteur: Felix Cohen
Verder werkten mee: Maurice Eykman, Prof. Mr. Hans Franken, Klaske de Jonge
Eindredactie: Georgie Dom
Grafische verzorging: Het vlakke land, Rotterdam
Foto omslag: © Veer
Foto's binnenwerk: zie pag. 160

ISBN 978 90 5951 139 2
NUR 600

Inhoud

Voorwoord

15 Maart 2010 is het Wereldconsumentendag. Als markering voor deze dag is dit handzame boek, geschreven door de oud-directeur van de Consumentenbond, Felix Cohen, een goede keuze. Het boek geeft met een veertigtal columns een duidelijk inzicht in de wijze waarop de maatschappelijke belangenbehartiging van de Consumentenbond gedurende de laatste tien jaar heeft plaatsgevonden. Daartoe wordt een aantal van de belangrijkste onderwerpen beschreven, waarmee de positie van de Nederlandse consument is versterkt. Die versterking vond (zoals blijkt) niet zonder slag of stoot plaats. Om dat te bereiken is een sterke organisatie nodig zoals de Nederlandse Consumentenbond, een van de grootste en meest invloedrijke consumentenorganisaties van de wereld.

Uit de gepubliceerde columns blijkt dat deze organisatie niet schuwt grote problemen aan te pakken. Natuurlijk was niet ieder initiatief succesvol, maar dankzij de acties van de Consumentenbond is – om een paar voorbeelden te noemen – het kopen op afstand (met name via internet) sneller en veiliger geworden, zijn veel wachturen ten gevolge van vertragingen van vakantievluchten gereduceerd en zijn de woekerpolissen aangepakt.

Als toenmalige voorzitter van de Commissie Consumentenaangelegenheden van de Sociaal Economische Raad heb ik de veranderingen van de positie van de consument in de periode die in het boek wordt behandeld, van dichtbij kunnen waarnemen. Ik spreek graag mijn waardering uit voor de inventieve en vasthoudende wijze waarop de Consumentenbond tot deze veranderingen heeft bijgedragen. De inhoud van dit boek is de moeite waard, zowel voor kennis van de geschiedenis als voor verdere inspiratie voor de toekomst.

Prof. Mr Hans Franken,
Oud-voorzitter van de Commissie Consumentenaangelegenheden van de SER

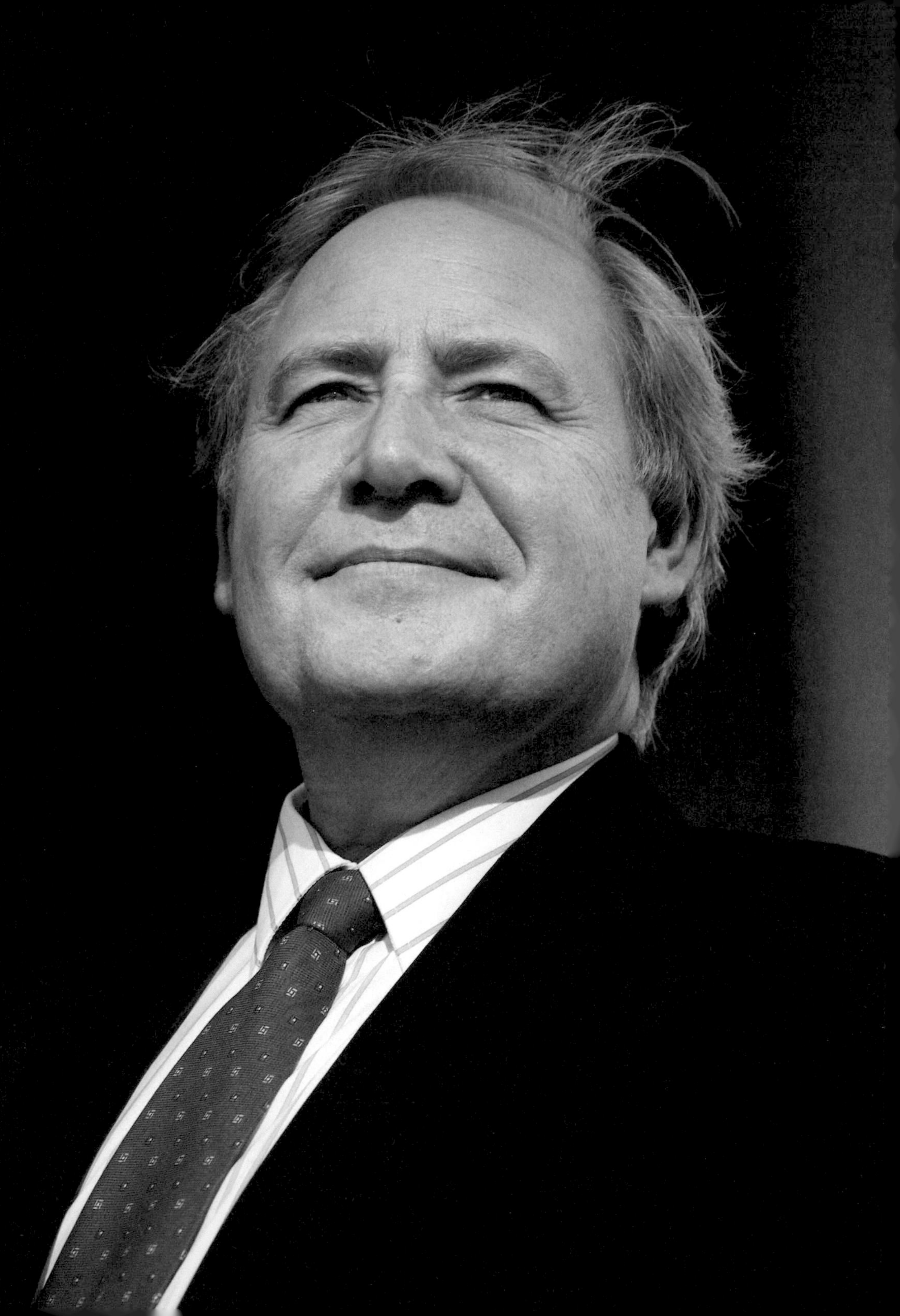

Verantwoording

Waarom dit boek?

Overkomt u dat ook zo vaak? Er speelt iets in de media. Iedereen doet er opgewonden over. Die opwinding kan dagen duren en ineens is het weg. Dan is er weer iets anders dat de aandacht opslokt.

Veel van die *hot items* stipte ik aan in de columns die ik als directeur van de Consumentenbond in de periode september 1997 tot maart 2009 heb geschreven voor de Consumentengids. Voor dit boek heb ik een selectie gemaakt uit de columns van de laatste tien jaar, en ze van commentaar voorzien – met de kennis van nu. Soms vertel ik hoe het met het onderwerp uit de column is afgelopen, een andere keer blijkt de oude column inspiratie voor een nieuw verhaal.

Dit boek schetst zo spelenderwijs de achtergronden van de consumentenkwesties waar de Consumentenbond de afgelopen tien jaar voor gestreden heeft. Welke kwesties hebben wij aangepakt? Hoe hebben we dat gedaan en hoe is het afgelopen? Of speelt het nog?

Er loopt een rode draad door alle verhalen. De gemeenschappelijke factor is het woord 'vertrouwen'. Vrijwel elke kwestie die wij hebben aangepakt, heeft op de een of andere manier met vertrouwen te maken. Maar wat is vertrouwen eigenlijk?

Vertrouwen en de economie

'De economie is gebaseerd op vertrouwen.' Dat hoor je vaak zeggen door bankiers en politici. En daar hebben ze gelijk in. Maar wat betekent dit vertrouwen in concrete situaties? Waaruit bestaat het eigenlijk? En wat gebeurt er als dat vertrouwen wordt geschaad? Allemaal relevante vragen om de economie en het gedrag van consumenten beter te begrijpen.

De definitie van vertrouwen volgens Van Dale is: 'met zekerheid hopen op'. Vertrouwen is iets anders dan hoop. Van der Vorst schrijft in zijn boek *Hoop*: 'Hoop is uitgestelde beloning'. Waar hoop nog iets onzekers is, waarvan we het fijn zouden vinden als het uit zou komen, krikt vertrouwen de verwachting nog eens op: 'Hoewel de beloning is uitgesteld, is het zeker dat hij komt.' Als een beloning uiteindelijk niet komt, ben je teleurgesteld. Als je er niet alleen op gehoopt had, maar er ook vertrouwen in had, wordt het grimmiger. Je kunt iets verwachten, voorspellen of hopen. Daarin zit een onzekere factor. Met onzekerheid kun je best leven. Maar bij vertrouwen is die onzekere factor er gevoelsmatig uitgehaald, terwijl hij er nog wel degelijk in zit.

Voor elke relatie is een zekere vorm van vertrouwen nodig. Dat geldt ook voor de relatie tussen consument en verkoper (of zijn product). Vertrouwen wordt gewekt door de verkoper, maar de consument moet daar wel voor openstaan. Er moet bij de consument een onvervulde wens aanwezig zijn. Als die wens er niet is, moet de verkoper eerst proberen om die wens te creëren.

Zo had ik nog nooit gehoord van een internetradio. Dat is een kastje dat verbonden is met het draadloze thuisnetwerk en dan via internet honderden radiostations kan ontvangen en weergeven. Toen ik er voor het eerst van hoorde, wilde ik wel zoiets hebben. Ik hoopte dat het waar was. Helaas gaven toen alle tests aan dat deze belofte niet kon worden waargemaakt. Mijn hoop verdween, in plaats van omgezet te worden in vertrouwen. Ik kocht dus niets.

Ruim een jaar later zag ik in de winkel een Philips-apparaat dat mijn hoop weer deed opleven. Ervaringen van anderen die ik op internet had gelezen en een test door de Consumentenbond gaven mij vertrouwen. Toen ging ik wél tot de koop over. Een uur later bleek het inderdaad een fantastisch apparaat te zijn.

De keerzijde van vertrouwen

Maar wat nou als de radio niet goed had gewerkt? Wat nou als hij elke minuut een pauze van drie seconden had genomen om meer data binnen te halen? Dat zou een heel ander gevoel hebben gegeven dan laatst, toen er geen prijs viel op mijn staatslot. Ik 'hoopte' op een prijs in de loterij, maar ik 'vertrouwde' erop dat de radio zou werken.

Als een radiootje niet werkt, is dat vervelend, helemaal als je er zo zeker van was dat hij het wel zou doen. Het voordeel is dat je er al na een uur achter komt en dat je terug kunt naar de winkel. Een ander voordeel is dat, als het radiotoestel nooit gaat werken en je onverhoopt geen cent van de winkel terugkrijgt, de schade nog wel meevalt. Een kleine honderd euro. Heel vervelend, maar niet vreselijk erg.

Maar als het bedrag van de schade groter is en je er pas veel later achterkomt dat er iets mis is, kan je leven erdoor geruïneerd worden. Denk aan een brandverzekering die niet uitkeert, een pensioen dat tegenvalt of een spaarbank die failliet gaat. Die sympathieke mijnheer die je twintig jaar geleden die verzekering heeft verkocht, is al vijf jaar met pensioen.

Jubileum 50 jaar Consumentenbond, 2003

De tussenpersoon die je toen had, bestaat ook niet meer of is al drie keer door andere bedrijven overgenomen. Het is zelfs mogelijk dat de originele verzekeraar is overgegaan in een andere rechtspersoon. Ook dan wordt het vertrouwen beschaamd.

Je leest weleens over zaken van de Geschillencommissie Reizen, waarbij iemand terecht is gekomen bij een hotel in aanbouw. Of hoort in een consumentenprogramma dat mensen tonnen zijn kwijtgeraakt of hun huis uit moeten. Je ziet dat ze boos zijn op het bedrijf dat hun vertrouwen geschaad heeft. Maar je ziet méér. Ze zijn ook boos op zichzelf. Ze zijn erin getrapt. 'Hoe kon je zo stom zijn,' zeggen ze tegen zichzelf. Ze schamen zich. Ze zijn emotioneel geraakt.

Het schenden van vertrouwen doet de slachtoffers dus meer dan alleen de financiële schade doet vermoeden. De reacties zijn daarom vaak onvoorspelbaar. Veel mensen willen de negatieve ervaring zo snel mogelijk achter zich laten. Anderen worden intens verdrietig en vertrouwen een tijdje niemand meer. Weer anderen strijden voor rechtvaardigheid of worden zelfs agressief. Hoe dan ook, het is niet zonder risico om iemands vertrouwen te beschamen.

Drie soorten vertrouwen

In bijna alle verhalen in dit boek speelt vertrouwen een grote rol. Het vertrouwen dat je een bloemenshow in Bovenkarspel kunt bezoeken zonder vergiftigd te worden, het vertrouwen dat een polis geen woekerpolis is, het vertrouwen dat een etiket op voeding klopt, het vertrouwen dat monopolisten geen misbruik van hun positie zullen maken enzovoort.

Er komen steeds voorbeelden van drie soorten vertrouwen terug. Ten eerste is er het kleine vertrouwen, in een product of dienst. Je koopt iets met een bepaalde verwachting. Je verwacht dat het ijsje lekker is, de auto zuinig rijdt en de stewardess aardig is

Dan is er het vertrouwen in bedrijven en sectoren. Door de woekerpolisaffaire is ons vertrouwen in de verzekeringsbranche ernstig geschaad, slechts overtroffen door het verlies van ons vertrouwen in banken door de kredietcrisis. Het wordt voor alle partijen in zo'n sector dan moeilijker om geloofwaardige beloften aan consumenten te doen.

Nog ernstiger is het als het algemene vertrouwen deuken oploopt. Het Centraal Bureau voor de Statistiek onderzoekt maandelijks het consumentenvertrouwen. Als dat laag is, houden we de hand op de knip. Mensen zijn bang om geld uit te geven. Dat is schadelijk voor de hele economie en kan zelfs een recessie veroorzaken. Soms vertrouwen mensen het geld niet meer. Dan verkopen mensen massaal een bepaalde valuta, waardoor die in waarde daalt. Mensen kunnen ook vluchten in goud en andere grondstoffen, in de hoop dat die hun waarde wel behouden.

Momenteel gaat het lage consumentenvertrouwen gepaard met een algemene vertrouwenscrisis. Politici, rechters, directeuren, allemaal worden ze gewantrouwd. 'Politici houden zich niet bezig met de echte problemen zoals veiligheid op straat, directeuren vullen hun zakken met onverdiende bonussen en rechters straffen te licht.' Deze ontwikkeling bergt een enorm risico in zich.

Vertrouwen is namelijk een serieuze zaak. Het schaden van vertrouwen, op welk niveau dan ook, kan ernstige gevolgen hebben. Daarom zeggen economen dat onze economie op vertrouwen is gebaseerd. Er is dus alles aan gelegen om dat vertrouwen in stand te houden. Je ziet individuele bedrijven op tv boete doen voor gemaakte fouten. Ze beloven dat zoiets nooit meer zal gebeuren. Alles om het vertrouwen terug te winnen. Ministers proberen het vertrouwen in stand te houden door eerst een probleem te ontkennen en daarna te bagatelliseren. Als dat nog niet helpt, komen ze met stoere maatregelen.

Witte Huis, 2001

Ook de Consumentenbond ontkomt niet aan de wetten van vertrouwen. De enige reden dat consumenten voor onze producttests betalen, is dat onze informatie wordt vertrouwd. Dubieuze informatie kun je gratis op internet krijgen, en tijdens verjaardagen of in de kroeg. Maar als je het echt wilt weten, betaal je voor betrouwbaarheid.

Toch hebben ook wij fouten gemaakt. Zo riepen wij ooit op om Epson te boycotten, omdat hun printers stopten met printen terwijl er nog veel inkt in het reservoir zat. Wij waren boos omdat printerinkt schreeuwend duur was.

Epson stelde dat het niet anders kon omdat hun printers zouden beschadigen als ze droogliepen. Wij hadden ongelijk en zij gelijk. Dat hebben we toen ook binnen een week toegegeven. Een en ander werd breed uitgemeten in de media, en terecht. Toch heeft dit het vertrouwen in de Consumentenbond niet structureel geschaad. Omdat wij ons ongelijk snel toegaven en wij de kwestie niet hadden aangekaart om er zelf beter van te worden.

Monopolies en kartels
En hoe staat het met het vertrouwen in monopolisten? Continu gezond wantrouwen is hier op zijn plaats.

Monopolisten en kartels zijn bijna altijd slecht voor consumenten. Helaas zijn monopolies niet altijd te vermijden. Het zou zinloos zijn om een tweede en derde elektriciteitsnet of spoorwegnet aan te leggen. Dat zijn en blijven na-

Paneldiscussie over geschillencommissies

tuurlijke monopolies. Gelukkig zijn monopolies vaak herkenbaar en kunnen
we maatregelen nemen om alleenheerserschap in te perken. Bijvoorbeeld
door toezichthouders in te stellen of door maximumprijzen af te spreken.
Deze inperking vervangt het natuurlijke tegenwicht dat concurrentie in een
vrije markt vormt.

Kartels zijn geniepiger. Ze zijn vaak helemaal niet zichtbaar, want illegaal
en daarom geheim. Ze worden bestreden door de Nederlandse Mededingingsautoriteit (NMa) en de Europese commissie. Als bedrijven worden
gesnapt op kartelvorming, krijgen ze een boete. Vaak komt die boete pas
als de schuldige manager allang weer een andere functie heeft. De nieuwe
manager voelt zich niet aangesproken, hij beschouwt de boete als iets on-
vermijdelijks, iets wat hem overkomt. Ik kan mij zelfs voorstellen dat er
al een financiële reservering was gemaakt voor het betalen van de boete.
Gelukkig kunnen (ex-)managers nu ook persoonlijk worden aangepakt. Al
worden zij dan helaas alleen gestraft met (lage) boetes. Een rare zaak: als
je een winkel berooft, moet je de gevangenis in. Als de winkel jou berooft,
volgt er een geringe boete.

De slachtoffers van kartelroof zijn vaak niet meer te achterhalen. Bier-
brouwers hebben hun klanten jarenlang benadeeld, voor miljoenen euro's.
Normaal gesproken moet je dan terugbetalen. Maar aan wie? Bierdrinkers
hebben immers geen bonnetjes bewaard. De conclusie is even bizar als
onrechtvaardig: 'dan hoeft er niets betaald te worden'. Dit is tot op de dag
van vandaag het standpunt van de VNO/NCW-bedrijvenorganisatie. Mevrouw
Kroes probeerde als eurocommissaris deze te veel betaalde gelden terug

te vorderen. Een goede bestemming is er zeker voor te vinden. De discussie loopt nog.

Een andere terugkerende zorg van de Consumentenbond zijn eventuele ongewenste gevolgen van veranderende markten. Veranderingen kunnen optreden door een stelselwijziging (zorg, taxi's, energie) of door innovatie (internet, woekerpolis, geneesmiddelen). In veranderende markten worden de kaarten opnieuw geschud. De Consumentenbond is dan erg alert, om te voorkomen dat consumenten de dupe worden. Wij zijn natuurlijk niet tegen verandering, maar stellen wel randvoorwaarden ter bescherming van de consument. Zo hebben we bijvoorbeeld bij de energieliberalisering eisen gesteld aan de manier waarop dat zou gebeuren. Dat heeft geleid tot een vertraging van zes maanden omdat de energiebedrijven nog niet aan onze eisen konden voldoen.

Tien jaar Consumentenbond

Dit boek geeft een anekdotisch beeld van de consumentenproblemen waar de Consumentenbond van 1999 tot 2009 mee bezig is geweest door voorbeelden te geven van kwesties die we hebben aangepakt. Maar het is ook een persoonlijke verantwoording, en een middel om te relativeren en bepaalde dingen een plaats te geven. Het gaat over de afloop van problemen, maar geeft ook een doorkijkje naar hoe wij het hebben aangepakt. Soms goed, soms slecht. Het schetst tien jaar economische werkelijkheid, gezien door de bril van de consument. Hier en daar verklaart het ook gedrag van consumenten, politici en bedrijven, maar het blijft mijn eigen kijk op dingen. Mijn columns toen schreef ik uit naam van de Consumentenbond, mijn commentaar nu is voor 100% mijn eigen mening, dus op persoonlijke titel.

Dit boek gaat vooral over de maatschappelijke belangenbehartiging door de Consumentenbond. De bond pakt consumentenkwesties aan om de positie van consumenten in de toekomst te verbeteren. Deze belangenbehartiging is een zichtbare, maar kleine activiteit van deze organisatie. Slechts circa 20 van de 200 medewerkers zijn met belangenbehartiging bezig. De overige 180 mensen doen vergelijkend onderzoek, geven telefonisch advies en schrijven in bladen en boeken.

De omgeving waarin de Consumentenbond de laatste tien jaar heeft geopereerd, is sterk veranderd. De Consumentenbond ook.

- In 1999 waren wij nog een traditionele uitgeverij van tijdschriften en boeken. In 2009 zijn er 80.000 betalende internetleden, die helemaal geen papier meer krijgen. Op ditzelfde internet is concurrentie van tientallen gratis productvergelijkers.

- In 1999 was er nog niet veel geliberaliseerd. Zorg, spoorwegen en energie waren nog in overheidshanden. Nu zijn (delen van) die sectoren geliberaliseerd.
- In 1999 waren er nog nauwelijks toezichthouders. 'Toezicht' werd uitgevoerd door de Consumentenbond en de pers. Nu zijn er: de Zorgautoriteit, OPTA (telecom), de Autoriteit Financiële Markten en de Consumentenautoriteit.
- In de laatste tien jaar zijn onze kinderen veel dikker geworden. Zo erg dat sommige wetenschappers voorspellen dat de volgende generatie minder oud zal worden dan die van hun ouders. In deze zelfde periode is roken uit de mode geraakt.
- In 1999 begonnen we voorzichtig te wennen aan een Europese markt. Nu is er een wereldmarkt waarin een land als China de boventoon voert. Voormalige westerse productiebedrijven doen nu alleen maar marketing; de productie wordt door Chinese bedrijven in China uitgevoerd. De zorgen over de behandeling van werknemers en het milieu zijn daarmee iets verder weg geplaatst.
- In 1999 maakten wij ons zorgen over het milieu, nu over 'global warming'. De boodschap is hetzelfde: 'Minder consumeren'.

Om te overleven is de uitgeverij van de Consumentenbond ingrijpend veranderd. De bedrijfskosten zijn sterk gereduceerd. Minder personeel, verregaande automatisering en betere internationale samenwerking met andere consumentenorganisaties. Er zijn twee bladen bijgekomen: de *Gezondgids* en de *Digitaalgids*, met 40.000 en 60.000 abonnees. Internet en internetabonnees zijn van niets naar 80.000 gestegen. Wij zijn momenteel de grootste betaalsite van Nederland. Tot nu toe hebben we het vol weten te houden zonder de hulp van structurele subsidies en zonder advertenties.

Onderzoek

De basis van het werk bij de Consumentenbond is het onderzoek. Het onderzoeken van de kwaliteit en effectiviteit van producten en diensten is een dagelijkse bezigheid. Deze onderzoeken worden vaak samen met onze collega's in België, Duitsland, Engeland en Frankrijk gedaan. Ze worden gepland door onze ervaren onderzoekers en uitgevoerd in Europese en Amerikaanse laboratoria.

Arabische consumentenliga

Het doen van onafhankelijk onderzoek onderscheidt de Consumentenbond van anderen, zoals vergelijkingswebsites. Deze zijn gebaseerd op meningen van consumenten. Die meningen zijn niet alleen subjectief, maar ook fraudegevoelig.

Macht en invloed

Dit boek gaat ook over de wijze waarop de Consumentenbond machthebbers tracht te beïnvloeden. Macht betekent dat je het voor het zeggen hebt. Ministers en parlementen hebben macht. Maar directies van ondernemingen en ambtenaren ook. Voordat je als Consumentenbond machthebbers gaat beïnvloeden, moet je eerst kiezen uit de onderwerpen die je wilt aanpakken. Dat is een verantwoordelijkheid van het ledenparlement van de Consumentenbond. De onderwerpen moeten aan bepaalde criteria voldoen, zoals de ernst van het onrecht, het aantal mensen dat getroffen is en ons vermogen om er wat aan te doen. Vaak is actievoeren en lobbyen een zaak van lange adem. Het heeft tien jaar geduurd voordat er een Consumentenautoriteit was. Het heeft twintig jaar geduurd voordat ook de politiek inzag dat er woekerpolissen bestaan.

    Zijn politici dan zo dom of laks? Geen van beide. Over het algemeen heb ik politici leren kennen als intelligente en hardwerkende mensen. Ze zitten echter wel gevangen in hun eigen ideologie. Zo wil de VVD alles het liefst oplossen door marktwerking, ook al leent een probleem zich daar niet voor. Socialistische partijen kiezen instinctief voor meer regels, al zeggen de wetenschappers en ambtenaren dat bepaalde regels niet gehandhaafd kunnen worden. Politici maken ook een eigen afweging over wat 'haalbaar' is. Elk besluit heeft een keerzijde en creëert weer een eigen groep van ontevreden bedrijven en mensen.

Eén ding hebben alle politici gemeen: zij willen herkozen worden. Dat kiezen gebeurt door de burgers, die, op hun beurt, beïnvloed worden door de publieke opinie en de pers. De Consumentenbond beschikt over een zeer professionele persdienst die contacten met de media onderhoudt. Ook daar speelt vertrouwen een cruciale rol. Ons beleid is om de waarheid te spreken en om niet te overdrijven. De pers moet ervan uit kunnen gaan dat wat de Consumentenbond zegt, waar is.

Ik heb mij altijd flink geërgerd aan mensen die beweerden dat wij een bepaalde misstand aan de kaak stelden om meer leden te krijgen. Dat is nooit gebeurd. Het helpt ook niet. Ledenwerfacties in tijden dat de Consumentenbond veel in het nieuws is, zijn niet succesvoller dan ledenwerving in rustigere maanden.

Een bewijs dat we niet op ledenwinst uit zijn, vormt de kwestie van de prijsstijgingen na de introductie van de euro. Ons onderzoek wees uit dat de horeca en lokale overheden misbruik maakten van de nieuwe euro, door hun prijzen flink te verhogen. Maar in andere sectoren kwam dit vrijwel niet voor. Dat hebben we ook uitgedragen. Het publiek was er echter van overtuigd dat alles duurder werd. Iedereen die beweerde dat bedrijven zich goed gedroegen, werd in de pers neergesabeld. Dan gaat het erom je rug recht te houden. Niet meehuilen met de wolven in het bos. Gewoon staan voor je onderzoek en duidelijk communiceren dat de andere prijzen niet door de euro stegen. Dit heeft ons leden gekost. En dat is de prijs van betrouwbaarheid.

Proactief

Veel mensen denken dat wij een soort toezichthouder zijn, die zich moet beperken tot de huidige regelgeving. Dit is een hardnekkig misverstand. Het handhaven van wetten en het houden van toezicht is een zaak van de overheid. Daar zitten de toezichthouders die moeten en kunnen optreden. Als de Consumentenbond op illegaal gedrag stuit, attenderen wij de toezichthouders of de politie hierop.

Veel vaker voeren wij actie tegen gedrag van bedrijven dat (nog) niet verboden is. Dat is namelijk de echte toegevoegde waarde van een organisatie als de Consumentenbond. Wij staan aan de wieg van nieuwe wetgeving. Een goed voorbeeld daarvan zijn veiligheidsgordels in auto's. Vroeger waren die niet verplicht. Consumentenorganisaties toonden met hun botsproeven aan dat auto's met veiligheidsgordels veiliger waren. De auto-industrie schreeuwde moord en brand. Zij hield zich netjes aan de regels en werd vervolgens onveilig genoemd. Maar consumenten zagen wél het belang van de gordels in en langzaam maar zeker dwong de concurrentie steeds meer autofabrikanten tot het standaard meeleveren van gordels. Pas veel later werden ze verplicht.

Het is overigens belangrijk dat niet alleen consumenten maar ook bedrijven vertrouwen hebben in de manier waarop onze tests worden uitgevoerd, en in onze onpartijdigheid. Testmethoden worden daarom vaak vooraf met de industrie besproken. Natuurlijk heeft de Consumentenbond wel het laatste woord. Wij mogen testen zoals wij willen, mits dit eerlijk gebeurt.

En het vertrouwen in onze eerlijkheid is er blijkbaar. In Nederland wordt de Consumentenbond door bedrijven geaccepteerd en gewaardeerd. Ik heb de afgelopen tien jaar een aanzienlijk deel van mijn tijd gevuld met overleg met directies van bedrijven en brancheorganisaties. In dat soort gesprekken kon ik ze vaak overtuigen, zonder dat verdere actie nodig was. Andersom ben ik zelf door die gesprekken genuanceerder gaan denken.

Voorkomen is beter dan genezen. De Consumentenbond is niet uit op conflict: wij zijn uit op de bescherming van consumentenbelangen. Eerlijke informatie is daarvoor essentieel.

Leeswijzer

De opbouw van dit boekje is chronologisch. Dat betekent dat de behandelde onderwerpen kriskras door elkaar staan. U kunt de verhaaltjes dus door elkaar lezen. Net wat u uitkomt. De keuze is aan de consument.

Felix Cohen
Directeur Consumentenbond van 15 september 1997 tot 31 maart 2009

NIETS IS VERVELENDER DAN
OP EEN VLIEGVELD RONDHANGEN *augustus 1999*

Ook zo'n leuk begin van de vakantie gehad? Heb je je eerst door die eindeloze rijen geworsteld bij het inchecken – bij Transavia moet je nu al tweeënhalf uur voor het vertrek aanwezig zijn – en met een beetje geluk is de vlucht niet overboekt – fijn voor jou, jammer voor degene achter je die ook een uur in de rij heeft gestaan – zit je te wachten bij de gate, en het duurt en het duurt.

Vertraging. Tenminste, dat hoor je van een ondernemende medepassagier die eens wat is gaan informeren. Hoelang? Waarom? Je tast volledig in het duister.

Niets is vervelender dan op een vliegveld rondhangen. Zeker als de maatschappijen werken met het principe van 'voortschrijdend inzicht'. Je wordt er lamlendig van. Zou de kist eerst om 7 uur vertrekken, dat wordt 8 uur en dan ineens toch maar 10.30 uur, enzovoort. Op een gegeven moment heb je de winkels wel gezien. En men is te beroerd om je op een fatsoenlijke manier te informeren. Als je dan het vliegtuig in mag, stijgt het niet op. En ook dan weer geen behoorlijke informatie.

Vakantie moet toch leuk zijn! Voor veel mensen betekent de reis een grote aanslag op hun budget. Dan wil je ook een goede service. En het ergste is nog dat alle betrokken partijen, zoals luchtvaartmaatschappijen en luchtverkeersleiding elkaar de schuld toeschuiven.

We hebben vaak onderzoek gedaan naar de dienstverlening van de spoorwegen. En steeds weer hetzelfde liedje: vertragingen, sommige mensen hebben geen zitplaats en de informatie is bar en boos. Nu is het vliegverkeer aan de beurt. In de komende nummers van de Consumenten-Reisgids zullen we op dit onderwerp terugkomen. We inventariseren de vertragingen van een aantal populaire charterbestemmingen, we kijken of er een samenhang is met luchthavens en maatschappijen.

We willen ook op zoek gaan naar de oorzaken en die samen met de betrokken partijen aanpakken. Eén goede smoes kennen we al: de fusiepartners KLM en AlItalia zijn niet voldoende op elkaar ingespeeld.

Minister Eurlings

Sinds die eerste column in 1999 is er veel verbeterd in de lucht. Er zijn nog wel vertragingen, maar veel minder dan vroeger. Bovendien worden reizigers financieel gecompenseerd als de vertraging te erg wordt.

Wat was het probleem? Luchtvaartmaatschappijen hadden strakke tijdschema's. Maar er waren (en zijn) ook veiligheidsregels en bovendien gaat er weleens wat stuk, komt iemand te laat of is het te druk op een luchthaven. Voor al deze 'tegenvallers' was geen tijd ingerekend. Dus elke hobbel resulteerde in een vertraging.

Dan is er nog het systeem van *slots*. Een slot is een korte, vaste periode van bijvoorbeeld een half uur, waarin een vliegtuig van de luchthaven mag vertrekken. Dat maakt het plannen gemakkelijker. Als een vliegtuig het niet haalt om binnen die periode te vertrekken, vervalt dat slot en krijgt het toestel een nieuwe periode toegewezen. Het komt voor dat het hele vliegtuig, gevuld met passagiers, dan een uur of langer moet wachten.

Het kan allemaal nog erger. Vanaf de geplande vertrektijd gaat de klok lopen voor de bemanning. Die mag slechts een beperkt aantal uren aaneen werken. Of ze nou in de lucht zijn of niet, de klok tikt. Als de vertraging plus de geplande reistijd langer zijn dan die maximale werktijd, moet er een andere bemanning gevonden worden. Zo heb ik eens bij terugkeer uit India drie dagen moeten wachten op het vliegveld van Manchester, waarheen ons vliegtuig was uitgeweken vanwege slecht weer in Amsterdam. Elke keer als het weer even goed genoeg was voor de landing, zat de dienst van de bemanning erop...

Tot zover ging het nog over echte pech en tegenspoed. Maar pech werd ook vaak gebruikt als smoes. Zo kreeg een chartermaatschappij een aanbod om een extra vlucht te maken, tegen een hoge vergoeding. Dat deden ze dan maar even tussendoor. Hun eigen passagiers mochten zeven uur wachten. Of denk aan structureel overboeken, waardoor er altijd wel enkele passagiers die gereserveerd hadden, toch op de luchthaven achterbleven.

Wat is er nu veranderd? De belangrijkste verandering is de nieuwe Europese regelgeving. Die bepaalt dat maatschappijen gedupeerde consumenten financieel moeten compenseren, tenzij er sprake is van overmacht. Probleem opgelost zult u zeggen. Neen dus! Dit bleek het startsein voor honderden overmachtsmoezen. Gelukkig wist het bedrijf EU Claim hier wel raad mee. Dit kon checken of een opgegeven reden wel waar was. Dat bleek vaak niet het geval. Zo bleek een technische storing helemaal niet van het toestel dat voor die vlucht klaarstond, maar van een toestel aan de andere kant van de wereld. De leiding besloot uit puur economische motieven het toestel voor de Nederlandse passagiers voor die andere vlucht in te zetten. 'Een technisch probleem,' zeiden ze dan. Dit soort leugens werd door EU Claim ontmaskerd.

Een andere verbetering is de recent opgezette Geschillencommissie Luchtvaart. Dankzij minister Eurlings hebben de luchtvaartmaatschappijen en de Consumentenbond hier afspraken over kunnen maken, zodat vliegconsumenten gemakkelijker hun recht kunnen halen. Ik herinner mij nog een vergadering op het ministerie met de vertegenwoordigers van de luchtvaartsector, de Consumentenbond, enkele ambtenaren en de minister. De onderhandelingen tussen de sector en de bond waren min of meer vastgelopen. De reactie van Eurlings was om een datum voor te stellen waarop de geschillencommissie van start zou gaan en die datum publiek te maken. Partijen hadden daarna geen andere keuze dan die datum te halen.

In 1999 was de luchtvaart qua vertragingen een heel foute sector. Mede door acties van de Consumentenbond, maar zeker ook dankzij de EU en minister Eurlings, is het er een stuk beter op geworden. Is alles dan rozengeur en maneschijn? Helaas niet. Het komt nog regelmatig voor dat luchtvaartmaatschappijen hun vertraagde klanten verzuimen te vertellen wat hun rechten zijn en hen afschepen met voedingsbonnen en een hotelkamer. Jammer, want rondhangen op luchthavens is minder erg als je er in ieder geval financieel voor wordt gecompenseerd.

VASTE BOEKENPRIJS LOSLATEN
oktober 1999

Al jarenlang betalen we voor elk Nederlands boek een vaste prijs. Een veel te hoge prijs. Dat het ook anders kan, laat ons onderzoek naar de aanschaf van boeken via internet zien. We kochten de top-tien (uit HP/De Tijd) bij Proxis.be en waren 25% goedkoper uit. Na aftrek van verzendkosten scheelt het de internetgebruiker nog altijd zo'n 15%. Maar de niet-internetgebruiker? Die heeft het nakijken.

Een mooie aanleiding om de vaste boekenprijs voor eens en voor altijd los te laten.

Er is nog een reden om prijsconcurrentie toe te laten op de boekenmarkt. Nu betaalt u misschien voor boeken die u niet leest, want met de marges op de goedlopende titels subsidieert de boekenbranche de minder populaire boeken. Dat is niet eerlijk. Bezoekers van een popconcert hoeven toch ook niet extra te betalen om het toegangskaartje voor operavoorstellingen betaalbaar te houden?

Voorstanders van een vaste boekenprijs laten niet na te benadrukken dat die vaste prijs nodig is om een pluriform aanbod te garanderen. Zodat er ook 'moeilijke' boeken te koop blijven. Klinkt goed.

Maar hun redenering klopt niet. In tal van boekhandels is het assortiment allang teruggelopen tot de bestverkopende titels. Niks pluriform aanbod of culturele hoogstandjes. De extra marge op deze boeken verdwijnt dus gewoon in de zakken van de betrokken boekhandelaar. Daar wordt geen dichtbundel extra voor uitgegeven.

Trouwens, in landen als Engeland, Finland en Zweden heeft het loslaten van de vaste boekenprijs niet geleid tot een verschraling van het aanbod.

Kortom: ook na het loslaten van de vaste prijs zal er veel keuze zijn. Er zal altijd een markt blijven voor literatuur met een grote L, al zullen we daarvoor misschien de gespecialiseerde boekhandel moeten opzoeken. En een iets hogere prijs betalen.

Wij hebben minister Jorritsma van EZ en staatssecretaris Van der Ploeg van OC&W verzocht de vaste boekenprijs snel los te laten. Op die manier kunnen boekverkopers ook op prijs concurreren. En worden de belangen van de consument het best gediend.

Cultuurbarbaren

Het zit zo: uitgevers willen niet alleen bepalen welke prijs zij van de boek-winkels voor een boek krijgen, maar ook welke prijs de consument voor dat boek in de winkel moet betalen. Normaal gesproken is dit niet toegestaan, maar voor boeken is een uitzondering gemaakt. Daarom kost een boek in Nederland overal hetzelfde. Het zal u niet verbazen dat die prijs erg hoog is vergeleken met de landen om ons heen. Als u het gewenste boek in België koopt in plaats van bij u om de hoek, bent u soms 20% goedkoper uit. De uitgevers geven de boekhandel namelijk een marge van ongeveer 40%. Ongeacht waar die winkel is gevestigd en ongeacht of die winkel zoveel geld nodig heeft. Grote boekenketens krijgen daarbovenop nog een korting. Erg oneerlijk!

Als de vaste boekenprijs zou worden losgelaten, zouden sommige win-kels de prijzen verlagen en gaan concurreren met andere winkels, net zo-als dat gaat bij supermarkten en elektronicazaken. In Amerika gebruiken goed gesorteerde grote boekenzaken bestsellers om klanten de winkel in te lokken. Die zijn dan extra goedkoop. Maar op alleen bestsellers is dan niet zoveel te verdienen. Daarom zal het aantal winkels dat enkel bestsel-lers verkoopt, kleiner worden. Waarschijnlijk worden dan de grote, goed gesorteerde, boekhandels nog groter en mooier, met nog meer keuze. En dalen de prijzen daar ook nog eens.

Dat zou een goede ontwikkeling zijn en daar heeft de Consumentenbond ruim een jaar voor gelobbyd. Tevergeefs! Deze strijd hebben we verloren.

Wat is er misgegaan? De bond heeft proberen uit te leggen waarom het uiteindelijk voor iedereen beter zou zijn om de vaste boekenprijs af te schaffen. Wij hebben hiervoor zakelijke, economische argumenten gebruikt en gingen ervan uit dat een lagere prijs en meer keuze voor de consument doorslaggevend zouden zijn. Onze tegenstander, de Koninklijke Vereniging van het Boekenvak, speelde de emotionele en culturele kaart. Zij maakte de politici wijs dat het afschaffen van de vaste boekenprijs het einde zou betekenen van de cultuur in Nederland.

De politici in de Tweede Kamer die met dit dossier belast waren, hadden dit onderwerp niet gekozen omdat zij economie zo leuk vonden. Zo werd de PvdA hierop aangevoerd door mevrouw Van Nieuwenhuizen. Een heel aar-

dige vrouw die op economisch gebied niet bepaald hoogbegaafd is. Cultuur vond zij wel heel belangrijk, dus de vaste boekenprijs moest maar blijven bestaan. Zelfs D'66 was voor de vaste boekenprijs. De boekenvakvereniging had, heel slim, een prominente oud-D'66'er als voorzitter gekozen. Kijk, dat helpt bij de politieke lobby.

Tegelijkertijd werden de tegenstanders (wij dus) uitgemaakt voor cultuurbarbaren die alleen maar op de centen uit waren. Er ontstond een ware lastercampagne tegen de bond en mijn persoon. Door Wouter van Oorschot werd zelfs een boekje geschreven om te pleiten voor de vaste boekenprijs en tegenstanders zwart te maken. Daarin schrijft hij over mij: 'De opstelling van Felix B. Droogstoppel is des te kwalijker omdat hij zich ermee bemoeit terwijl hij er zelfs doelbewust geen verstand van belieft te hebben. Voor hem telt alleen een tientjeskwestie.' Hij stelt de politiek voor een keuze: cultuur of een paar centen. Niemand wil graag te boek staan als cultuurbarbaar en uiteindelijk staakten alle Tweede-Kamerfracties het verzet tegen de vaste boekenprijs. Het gevolg: tot op de dag van vandaag betalen wij te veel voor onze boeken (en kopen we dus minder boeken) en is ons land bezaaid met kiosken die allemaal dezelfde bestsellers aanbieden.

Ik raad u aan eens een – al dan niet virtueel – bezoekje aan België te brengen. Of beter nog, leer Engels en koop boeken op Amazon.com.

DE KIJKERS STAAN ERBIJ EN HEBBEN HET NAKIJKEN
november 1999

Vroeger de schrik van studentenhuizen: de controleur van de Dienst Omroepbijdragen staat voor de deur. Gauw een tafelkleed over de televisie in de keuken. Want waarom moeten we eigenlijk betalen? We hebben toch nooit tijd om te kijken. Zwartkijkers zijn er bijna niet meer sinds de dienst jaren geleden een actie voerde om mensen te bewegen te betalen.

De omroepbijdrage is opnieuw actueel. Het kabinet wil de Mediawet aanpassen en de omroepbijdrage fiscaliseren. Dat betekent dat we niet meer apart voor de publieke omroepen betalen, maar dat ze van de grote hoop – de belastingen – worden betaald. De kosten worden 'verstopt'. En daarmee is definitief de band tussen kijker en publieke omroep doorgesneden.

Bestaat die band eigenlijk? De tijd dat de PvdA-man gekluisterd zat aan de televisie op de avond dat de VARA uitzond, is allang voorbij. De huidige kijker vervolgt zappend zijn weg en voelt zich misschien verbonden met een programma (als hij daar het geduld voor heeft) en pas in latere instantie met de omroep die het programma uitzendt, als hij dat al weet.

We betalen allemaal mee aan de publieke omroep, maar wat erger is: we hebben er nauwelijks invloed op. De kijker lijkt sowieso buitenspel gezet. De discussie over de publieke omroep wordt over zijn hoofd gevoerd en gaat over wie de macht heeft in Hilversum: de NOS of de omroepen.

De Consumentenbond vindt dat verkeerd: de kijker moet centraal staan. De staatssecretaris wil de publieke omroep om de vijf jaar evalueren. Daarvoor wil hij een ingewikkeld en naar mijn mening nogal bureaucratisch systeem in het leven roepen. De kijkers staan erbij en hebben het nakijken.

Wij vinden dat de publieke omroepen verantwoording moeten afleggen aan het publiek. Dat hebben we de Tweede Kamer inmiddels laten weten. De NOS en de omroepen moeten met het publiek in een contract vastleggen wat ze zullen leveren. Bijvoorbeeld hoeveel nieuws, hoeveel sport; hoeveel programma's ondertiteld worden; hoeveel *primetime*programma's nieuw zullen zijn maar ook dat verschillende meningen tot hun recht komen. De kijker kan zijn mening laten horen via bijeenkomsten, discussies, internet en enquêtes.

Dat is pas echt afrekenen. Want voor wie was de televisie ook alweer?

Politiek kaapt publieke omroep

Weet u nog? De Dienst Omroepbijdragen die elk jaar een rekening stuurde om voor de publieke omroep te betalen? Dat was de tijd dat omroepverenigingen het nog voor het zeggen hadden, al was hun invloed al flink afgenomen door de opkomst van de commerciële zenders. De toenmalige minister van Cultuur wilde dit systeem afschaffen. Weg met de versnippering! We laten de zelfstandige inkomensstroom van de omroepen via de overheid lopen. Dat vond de Consumentenbond geen goed plan, want hiermee zouden de laatste contacten met het publiek worden verbroken. En werden de kosten van de publieke omroep bovendien verstopt in een enorme rijksbegroting.

De Consumentenbond vond ook dat er wat veranderd zou moeten worden, maar de andere kant op. De invloed van consumenten zou juist vergroot moeten worden. Dat zou dan automatisch leiden tot betere programma's en hogere kijkcijfers.

Het heeft niet mogen baten. De directe omroepbijdragen werden afgeschaft, de belasting ging iets omhoog en de overheid ging de TROS, VARA enzovoort betalen voor programma's.

Hoe is dit nu afgelopen? De veranderingen in medialand hebben zich de laatste tien jaar in zo'n hoog tempo voorgedaan dat het moeilijk te zeggen is wat precies het effect van die ene maatregel is geweest.

Wat we wel zien, is dat parlementariërs zich meer lijken te bemoeien met de programma's. Een goed voorbeeld is de CDA'er Atsma, die belast is met mediazaken. Hij stelt vragen aan de minister omdat een tv-programma hem niet bevalt, terwijl hij weet dat de minister hier niets aan kan doen. Gewoon voor het 'signaal'. En wij burgers maar denken dat ze er echt mee bezig zijn. Nee dus.

Omdat er overheidsgeld naar de omroepen gaat, mag de Tweede Kamer zich trouwens ook bemoeien met de salarissen van tv-sterren. Het is mode om te vinden dat hoge salarissen omlaag moeten. Het bescheiden salaris van onze minister-president is daarbij de norm. Salarisverlaging is een leuk onderwerp, heel geschikt om kiezers mee te paaien. Maar ondertussen moeten publieke omroepen wel goede kijkcijfers halen. Als de 'kijkcijferkanonnen' elders meer kunnen verdienen, is dat lastig. De dames en heren

politici slagen er dus prima in om weer een handje van de publieke omroep op hun rug te binden. Daar zal de strijd met de commerciële omroepen niet gemakkelijker van worden.

Ik begrijp natuurlijk best dat oneigenlijke salarissen voorkomen moeten worden. Hoe leuk het ook is om met z'n allen te praten over de salarissen van de populairste en succesvolste tv-mensen, niet doen. Laten we ons concentreren op de subtop, de 'sterren' die eigenlijk helemaal niet bijzonder zijn, maar toch veel geld verdienen. Middelmatigheid verdient een middelmatige beloning. Een topprestatie moet je ook top belonen. Dat is ook helemaal niet zo erg, want in een land als het onze is er slechts plaats voor een handjevol top-tv-mensen.

In ieder geval lijken politici niet de juiste mensen om hier meningen over te formuleren, daar is het management voor. En als dat management het niet goed doet, stuur ze dan weg. Maar wat je ook doet, zeur er niet over.

Iedereen in omroepland is nu geketend en beperkter in zijn handelen. Commerciële omroepen moeten steeds meer pulp uitzenden, omdat zij beconcurreerd worden door de gesubsidieerde publieke omroep. Die publieke omroep mag gratis op de kabel, wordt gefinancierd door de overheid en pakt bovendien ook nog een aanzienlijk deel van de opbrengsten uit de tv-reclame. Anderzijds wordt hij aan alle kanten beperkt in zijn creativiteit en mogelijkheden. De publieke omroep wordt gedwongen om programma's te maken die het niet wil maken en de zendercoördinator bepaalt wat er wanneer wordt uitgezonden.

Het gevolg? Steeds meer tv, terwijl de kijkers steeds minder het gevoel hebben dat er 'iets op tv' is.

DE CONSUMENTENBOND
KAN WEER OPNIEUW BEGINNEN *december 1999*

In veel landen bestaat er geen of nauwelijks consumentenbescherming. Als je appelsap koopt en je wordt er ziek van, kan je nergens terecht. De winkelier verwijst naar de fabrikant en die zegt dat hij met jou geen overeenkomst heeft. Niemand is verantwoordelijk als consumenten schade lijden.

De wereld wordt steeds kleiner. We kopen vaker op afstand, zeker nu internet zo'n vlucht heeft genomen. Maar er gaat nog weleens wat mis. Bij een conflict is het belangrijk dat je als consument weet welke rechten je hebt en waar je ze kunt halen.

De Europese Commissie gaat straks beslissen of het recht van het land waar de consument woont geldt, of dat van het land waar de aanbieder zetelt. Bovendien moet de EC besluiten in welk land de rechter aan de slag moet bij een conflict.

De Consumentenbond vindt dat het recht van het land waar de consument woont moet gelden en dat de consument gewoon in zijn eigen land naar de rechter moet kunnen stappen.

De werkgeversorganisatie VNO/NCW vindt, net als de VVD'ers in het Europees Parlement, dat het recht van het land van de aanbieder moet gelden. De Nederlandse consument moet maar naar Spanje of Finland gaan om zijn recht te halen. Veel consumenten zullen het er dan maar bij laten zitten.

Het kan nog erger. Een bedrijf zet een pc in Malawi, Nigeria of Colombia – je hebt het als consument niet door, want de internetsite was toch keurig in het Nederlands – en maakt de consument helemaal rechteloos. In die landen is er immers nauwelijks consumentenbescherming. Als deze regels worden ingevoerd, kan de Consumentenbond – na bijna vijftig jaar – helemaal opnieuw beginnen.

De vrije handel heeft de consument veel goeds gebracht. Maar het blijft een middel, geen doel. Het consumentenrecht moet gewaarborgd blijven. Pijnlijk duidelijk is bovendien dat voor veel consumenten de wereld nog niet op orde is. Daarom moet de Consumentenbond consumentenorganisaties in de derde wereld helpen. Wij steunen Consumers International en het Anne Fransenfonds. Met klinkende munt en deskundigheid. De wereld houdt niet op bij de grenspaal.

Veilig e-shoppen

In 1999 begon de handel via internet net op gang te komen. Er werd heftig gediscussieerd over de juridische basis voor deze vorm van kopen op afstand. Enkele kortzichtige parlementariërs zeiden dat internet niets nieuws was. Gewoon een andere vorm van een postordercatalogus... Later is gebleken welke grote vlucht het kopen via internet heeft genomen. Daar waren wij bij de bond toen al van overtuigd. Aan het kopen via internet zitten zoveel voordelen dat succes niet uit kon blijven. Het enige dat nodig was, waren goede regels. Regels die de consument kunnen beschermen tegen ongrijpbare anonieme gelukzoekers.

In 1999 speelde er nog iets belangrijks. VNO/NCW, en ook de Europese koepel van bedrijven, wilden het Nederlandse recht en de Nederlandse rechters voor Nederlandse consumenten die iets uit het buitenland kochten, in het geheel buitenspel zetten. Als je via internet iets zou kopen in bijvoorbeeld Engeland, zou je bij een conflict naar de Engelse rechter moeten gaan, die dan volgens Engels recht zou rechtspreken. Dat doet natuurlijk niemand.

Ik heb indertijd vergeefs geprobeerd VNO/NCW in te laten zien dat hun standpunt het vertrouwen in het kopen op internet zou schaden. Ik was diep getroffen door hun kortzichtigheid. Het leek wel of zij automatisch kozen voor het kortetermijngewin, in plaats van de ontwikkeling van een nieuwe markt.

Gelukkig zag het Europees Parlement de kansen van de nieuwe markt via internet wél. Het snapte dat een betere consumentenbescherming zou leiden tot explosieve groei.

Momenteel kan elke consument in Nederland die een klacht heeft over een product dat via internet is gekocht, zich voegen bij de Nederlandse kantonrechter. Voor aankopen binnen de EU geldt dan het Nederlandse recht (ook al heeft de aanbieder iets anders in zijn algemene voorwaarden staan). Gaat het over een conflict met een aanbieder buiten de EU, dan bepaalt de Nederlandse rechter welk recht van toepassing is.

Het resultaat is dat e-shopping nu extreem populair is. Het is comfortabel, er is veel toegankelijke concurrentie en de prijzen zijn concurrerend met gewone winkels.

Nederland staat in de top van internetgebruik en e-shopping. De relatief goede bescherming van de consument was een voorwaarde om dit mogelijk te maken. Leve het Europees Parlement; dat mag ook wel een keer gezegd worden.

DE CONSUMENT STAAT WÉL OP ONZE AGENDA
januari 2000

De WTO-handelsbesprekingen in Seattle zijn een grote mislukking geworden. Het overleg over de agenda voor de nieuwe 'millenniumronde' liep op alle punten vast: landbouwsubsidies, kinderarbeid, het milieu, de voedselveiligheid. Het fiasco is vooral schadelijk voor de ontwikkelingslanden. Die hebben een betere toegang tot de westerse markten hard nodig. Handel is beter dan hulp.

Voorlopig dus geen nieuwe handelsronde. Wat dan wel? De internationale consumentenorganisaties stelden zich al eerder op het standpunt dat het beter is om eerst de maatregelen van de vorige handelsronde te evalueren. Om te kijken hoe díe de positie van de arme landen hebben beïnvloed. Daar is nu alle gelegenheid voor.

Gelukkig kunnen consumenten ook het heft in eigen hand nemen. Wie goed om zich heen kijkt, ziet al dat steeds meer consumenten veiligheid, gezondheid en milieu belangrijker vinden dan alleen maar een zo laag mogelijke prijs. Ook vragen consumenten zich steeds meer af op welke manier producten tot stand zijn gekomen. Wat zijn de arbeidsomstandigheden waaronder het product gemaakt of geteeld is? Profiteren de juiste mensen wel van de producten die je koopt? Denk maar aan de boeren in ontwikkelingslanden die produceren voor het Max-Havelaarkeurmerk.

De Consumentenbond heeft deze *consumer concerns* wél op de agenda staan. Zoals de veiligheid van ons voedsel. Producten die het milieu niet onnodig belasten. Kleren die niet door kinderslaafjes in elkaar zijn gezet. En etiketten waarop duidelijk staat of een product ingrediënten bevat die genetisch gemodificeerd zijn. Zodat de consument kan kiezen of hij het koopt of liever op zoek gaat naar een alternatief.

Globalisering

U weet het misschien nog wel. Die rellen in Seattle. Alternatievelingen uit de gehele wereld hadden zich verzameld in Seattle om de vergadering van de WTO (de Wereldhandelsorganisatie) te verstoren. Verbijsterde blikken van de Amerikaanse politie: hoe kon dit hier gebeuren? De verbijstering sloeg al gauw over in agressie. Zij sloegen erop en ook vreedzame demonstranten werden hard aangepakt.

De consumentenorganisaties stonden natuurlijk niet op straat, die zaten binnen te onderhandelen. Veel van de zorgen van de straat deelden wij. Het verschil was dat wij ervan overtuigd waren dat internationale handel iets positiefs kon zijn. Het had al voor veel goeds gezorgd en kon nog verder bijdragen aan economische groei en vrede. Maar dan moest het wel op de juiste manier gebeuren. De scherpe randjes moesten eraf en er moesten garanties komen voor de allerzwakste landen. Veel internationale regels gaan ervan uit dat iedereen gelijk is. In de praktijk is dit bijna nooit het geval. Je gaat een vedergewichtbokser ook niet inzetten tegen een zwaargewicht. In golf los je dit op met handicaps.

In Seattle won de straat van de binnenkamer. Wij dachten toen even dat dit zou resulteren in een herbezinning. Helaas ging de enige herbezinning over de manier waarop dit soort onderhandelingen beveiligd kon worden. De volgende bijeenkomst vond plaats op Cancun, een schiereiland voor de kust van Mexico dat hermetisch werd afgezet. Het gevolg was dat de rellen beperkt bleven tot het vasteland. Na enkele dagen van onderhandelen liepen de arme landen daar boos weg. Daarmee waren we weer terug bij af.

Twee jaar later was er weer een WTO-conferentie over hetzelfde onderwerp en weer op een eiland, Hong Kong. En weer waren er rellen. De Chinezen, die alles tot in de puntjes verzorgd hadden, keken hun ogen uit. Straten werden gebarricadeerd, de metro ging dicht en er werden ruiten ingegooid.

In Cancun en in Hong Kong maakte ik deel uit van de delegatie van Consumers International. Onze taak was om de positie van de consument bij de officiële delegaties over het voetlicht te krijgen. Wij waren het zwarte schaap van de lobby-organisaties. De meeste organisaties waren tegen internationale handel en tegen het kapitalistische systeem. Zij speelden ook een rol bij de demonstraties en droegen eraan bij dat een aantal ont-wikkelingslanden wegliep.

Er stond veel op het spel. Het ging intussen over het geven van kansen aan boeren in arme landen. Maar de Verenigde Staten en de Europese Unie wilden eigenlijk niets doen aan hun eigen landbouwsubsidies. Zij wilden wel dat de grenzen van de arme landen opengingen voor diensten als elektrici-teit, water enzovoort. Dat wilden de arme landen weer niet, omdat zij bang waren dat buitenlandse commerciële bedrijven hun eigen bedrijven zouden wegvagen. Dat klinkt sympathiek, maar die lokale bedrijven zijn vaak wel in handen van de lokale elite die zijn positie gebruikt om de bevolking middels monopolies en kartels nog meer uit te knijpen. Kortom, een veel te ingewik-keld probleem om even in een WTO-bijeenkomst – of column – op te lossen.

Daarbij kwam nóg een complicerende factor. Landen als Brazilië en India rekenden zichzelf ook tot de arme landen, terwijl zij tegelijkertijd concur-renten van formaat waren (en zijn). Zij gebruikten de armoede van een deel van hun bevolking om handelsvoordelen te krijgen.

Geen wonder dat de derde poging om tot nieuwe en rechtvaardigere handelsregels te komen, in 2005 in Hong Kong, weer mislukte. (En opnieuw gepaard ging met rellen, dit keer veroorzaakt door boze Koreaanse boeren.) De VS en de EU gaven elkaar de schuld. En ze hadden allebei gelijk. De echte ontwikkelingslanden zijn de dupe, evenals de consumenten overigens.

ETIKET VERTELT WEINIG
maart 2000

Ongemerkt eten we gentechvoedsel. Je ziet het niet en je proeft het niet. Koffiecreamer, drop, babyvoeding: het kan zijn dat er genetisch gemodificeerde soja of maïs in zit. Laat het u koud of krijgt u er de kriebels van? Wij vinden dat consumenten moeten kunnen kiezen en voeren daarom strijd op vier punten: etikettering, markttransparantie, voorlichting en alternatieven.

Het etiket moet boekdelen spreken. De Consumentenbond vindt dat de etiketteringsplicht onvoldoende werkt. Er is veel verwarring. Vrij van genetisch gemodificeerde organismen (ggo) betekent niet 100% ggo-vrij; tot een bepaalde drempel zijn gentech-resten toegestaan. Waarom moet sojaolie niet geëtiketteerd worden en sojameel wel? Wij vinden dat het etiket helder en duidelijk moet aangeven of er nu wel of niet ggo-bestanddelen gebruikt zijn.

Meer transparantie door de overheid en het bedrijfsleven. Wie mag welk voedsel op de markt brengen en wie beoordeelt dat op welke gronden? We willen inzicht krijgen in dat proces. De deskundigen op het gebied van veiligheid moeten onafhankelijk zijn. En weten we wel voldoende over de schadelijke effecten van gentech op de lange termijn?

Er is veel geld gestoken in de ontwikkeling van nieuwe technieken en producten. Consumenten hebben behoefte aan objectieve informatie. De overheid heeft een flinke steek laten vallen, er is geen goede voorlichting geweest over gentech. Zo kunnen consumenten geen bewuste keuze maken. En dat krijgen overheid en bedrijfsleven als een boemerang terug, omdat spookverhalen over Frankensteinfood de kop opsteken.

Er moet altijd een gentech-vrije voedselketen blijven. Consumenten moeten een alternatief hebben. Daarom moet de overheid de biologische landbouw financieel stimuleren. En natuurlijk moet eten niet alleen veilig en voedzaam, maar vooral ook lekker zijn.

De etikettenoorlog duurt voort

Het is gemakkelijk om een uitgesproken voor- of tegenstandpunt te ver-
kondigen. Dan word je uitgenodigd in talkshows en komen je woorden op
de voorpagina van de krant. Ons standpunt over genetische modificatie
(GMO) was gematigd: de consument moest zelf beslissen wat hij wilde.
Daarom eisten wij dat er duidelijk op het etiket moest staan of de inhoud
van het product met GMO was geproduceerd. We kwamen toen onder vuur
te liggen van zowel voor- als tegenstanders. Tegenstanders van GMO's
zijn zelfs een keer komen demonstreren op een bijeenkomst van ons
ledenparlement. Zij vonden het een schande dat de Consumentenbond
geen partij koos.

De Consumentenbond kiest wél partij, namelijk voor de consument, en
niet voor een partij in een theoretisch debat. Die debatten heb ik overigens
wel gevoerd. Van de Rode Hoed in Amsterdam tot het State Department in
Washington heb ik deelgenomen aan discussies over dit onderwerp.

De VS waren belangrijk in deze discussie, omdat zij niet alleen voorstanders van GMO waren, maar ook tegen etikettering. De Amerikanen vonden
het niet gewenst om consumenten op de hoogte te stellen van het feit dat
een voedingsmiddel met genetische modificatie geproduceerd was. Volgens
een strikte uitleg van de WTO-regels zouden zij Europa kunnen dwingen tot
een andere regelgeving. GMO's zijn namelijk identiek aan gewone landbouw-
producten. Ze zijn alleen op een andere manier gemaakt. De VS vonden het
onzin om onderscheid te maken tussen identieke producten. Alleen via heel
kostbare en ingewikkelde testmethoden is het verschil in productiemethode
met non-GMO-producten te achterhalen.

De Europese Unie (EU) verschilde van mening met de Verenigde Staten.
De EU wilde bij etikettering wél rekening houden met de manier waarop iets
is gemaakt, als dat de consumenten bezighoudt. Nu is het natuurlijk wel zo
dat de Europese producenten veel minder belang hadden bij de economische ontwikkeling van GMO's dan hun Amerikaanse collega's. Het ging ook
maar voor een klein deel over ongeruste consumenten; ook het milieu en
de verdeling van geld speelden een rol. Een genetisch gemodificeerd gewas
is van iemand, althans het patent is van iemand. Het breed accepteren van
genetisch gemodificeerde voeding zou betekenen dat over al die voeding een

G.M.O. TRIAL

**RESTRICTED AREA
DO NOT ENTER**

soort belasting aan de patenthouder betaald moest worden. We hebben het dan over gigantische hoeveelheden geld.

Om hun mening kracht bij te zetten, deelden de Amerikanen GMO-voedsel uit als noodhulp aan Afrika, zelfs als de betreffende regeringen hadden laten weten dit liever niet te hebben. Mijn vergelijking met het uitdelen van varkensvlees aan hongerige joden en Arabieren werd niet bepaald in dank aanvaard... Gelukkig werd ik wel krachtig ondersteund door de Amerikaanse consumentenorganisaties.

In Europa hebben wij de slag gewonnen. Wij hebben in alle GMO-zaken onze zin gekregen. In de EU moet het duidelijk op het etiket staan als een product genetisch gemodificeerd is. Maar de etikettenoorlog is hiermee nog niet voorbij. Nu gaat het over de vermelding van ongezonde ingrediënten. Dus producten met te veel vet, suiker en/of zout! Voorlopig is dit een reëler gevaar voor de mens dan GMO.

ZICHT OP KWALITEIT GSM
april 2000

Vorige maand was ik op vakantie in het Midden-Oosten. Met mijn voeten in het woestijnzand belde ik om mijn zusje te feliciteren die ergens op een hoge berg in Zwitserland haar vakantie doorbracht. Probleemloze verbinding.

Maar wat te zeggen van het Nederlandse echtpaar dat ik daar tegenkwam. Met hún aanbieder was het toevallig níet mogelijk om naar Nederland te bellen of gebeld te worden. Terwijl ze daar wel op gerekend hadden. Kortom, weet de abonnee welke diensten zijn telefoonaanbieder levert? Is zijn informatie hierover duidelijk en volledig? Kun je storingsvrij bellen op zijn netwerk? Is zijn helpdesk bereikbaar? En behulpzaam als je je nummer mee wilt nemen bij het overstappen naar een ander telefoonbedrijf?

Deze vragen komen natuurlijk niet uit de lucht vallen. Over mobiele telefonie ontvangen we meer klachten dan over welk ander onderwerp ook. We gaan daarom de komende tijd in een aantal onderzoeken de kwaliteit meten van de dienstverlening door KPN, Libertel, Dutchtone, Telfort en Ben. Op 6 april maken we de resultaten bekend. Uiteraard publiceren we ze ook in onze komende gidsen.

U kunt dan naast de kosten op de kwaliteit van uw mobiele telefoonaanbieder letten bij het kiezen van uw abonnement. En dat geldt niet alleen voor die consumenten die nog een mobiel moeten kopen. Want elke maand loopt bij honderdduizend mensen de eerste contractstermijn van een jaar af. Zij kunnen opnieuw een keuze maken bij welk telecombedrijf zij een abonnement afsluiten en wat voor soort abonnement het best bij hun belpatroon past.

Onze oeroude droom van overal bereikbaar zijn is binnen een paar jaar verwezenlijkt. De mobiele telefoon is niet meer weg te denken uit het leven van inmiddels zeven miljoen Nederlanders. Nu graag nog de wijsheid om hem in openbare gelegenheden uit te zetten.

Mooie mobieltjes, verwarrende diensten

Als ergens in de afgelopen tien jaar de kwaliteit is verbeterd, dan is dat bij mobiele telefoons. Ze zijn kleiner, beter en goedkoper geworden. Ook de netwerken zijn met grote sprongen vooruitgegaan. Alle aanbieders bieden bijna in geheel Nederland bereik. Door samenwerking met buitenlandse aanbieders is in alle landen ontvangst. En het is niet bij bellen alleen gebleven. We versturen met ons mobieltje nu ook foto's en e-mail, maken er filmpjes mee en kunnen er vaak mee op internet.

De kwaliteit en de functionaliteit zijn goed, zeker vergeleken met tien jaar geleden. Dat staat buiten kijf. Maar hoe zit het met de kosten en klantvriendelijkheid? Die zijn nog steeds een probleem. Recent onderzoek geeft aan dat jongeren 10% van hun inkomen aan telecommunicatie uitgeven, dus inclusief het internet. Veel van die kosten staan niet in verhouding tot de werkelijke prijs. Een sms'je kost al gauw zo'n 25 cent. In China stuur je 10 sms'jes voor 1 cent! De kosten van een sms-bericht zijn namelijk vrijwel nihil.

Een andere klacht is de moedwillig gecreëerde complexiteit van de telecomdiensten en -abonnementen. Die zijn zo ingewikkeld dat geen enkele consument de voor haar of hem beste keuze kan maken.

Ondanks de maatregelen van de Europese Commissie worden er nog steeds sms-abonnementen verkocht zonder dat de kopers weten waar ze instappen. Op de tv-reclame lijkt het alsof het om een enkele aankoop van informatie gaat, in de praktijk zit je vast aan een abonnement van €12 per week. Bij de eerste rekening, een maand later, kom je daar pas achter. Dan is het ook nog eens een gepuzzel van jewelste om van zo'n abonnement af te komen. De Consumentenbond heeft hier al lang actie tegen gevoerd. Recentelijk is er een speciaal afmeldnummer gecreëerd. Hier kun je alle sms-abonnementen afmelden. Helaas gaat die afmelding natuurlijk pas in nadat je erachter bent gekomen dat je te pakken bent genomen. De boefjes zijn er dan wel met een aantal euro's vandoor.

De brutaalste streek van telefoonbedrijven is wel het gebruik van internet in het buitenland. Af en toe op de site van een krant kijken en het NOS-journaal op je mobieltje bekijken resulteert in rekeningen van honderden euro's voor één vakantie. Eén ding is duidelijk: aan de kwaliteitsverbetering van mobiele telefonie hangt een stevig prijskaartje...

CONSUMENTENBOND GEEFT GAS
mei 2000

In mijn vrije tijd vind ik het heerlijk om te koken. Voor mijn vrouw en kinderen, of voor goede vrienden. Hoe meer mensen aan tafel, hoe gezelliger. De Franse keuken is mijn specialiteit.

Zoals veel mensen kook ik op gas. Ik had er nooit bij stilgestaan dat gewoon één bedrijf het gas levert. Maar waarom eigenlijk? Waarom zou u niet zelf kunnen kiezen van welke firma u het gas afneemt?

Bedrijven beginnen het al normaal te vinden dat zij zelf kiezen bij welk bedrijf zij hun stroom inkopen. Soms halen ze de stroom zelfs uit het buitenland, als dat goedkoper is. Of juist niet, als die stroom uit een kerncentrale komt. Ook consumenten kunnen straks kiezen waar ze hun elektriciteit kopen.

Hetzelfde geldt voor gas. Veel eerder dan verwacht (misschien al binnen drie jaar) komt er concurrentie op de gasmarkt. Dat heeft de Tweede Kamer onlangs besloten. De Consumentenbond is achter de schermen heel actief geweest in die discussie. En met succes, want het parlement heeft bijna alle eisen van de bond overgenomen. Zoals de garantie dat een vrije gasmarkt niet mag betekenen dat u als consument een periode zonder gas komt te zitten. Dat het overstappen naar een ander gasbedrijf daadwerkelijk mogelijk moet zijn. En dat het toezicht op de vrije gasmarkt goed wordt geregeld.

We moeten nog één ding goed regelen. In een motie is vastgelegd dat alleen de Nederlandse rechter bij geschillen mag optreden. Onbedoeld wordt hiermee de geschillencommissie uitgesloten. Dat moet nog worden rechtgezet. Want als het onverhoopt tussen u en uw gasbedrijf misgaat, moet u op een goedkope en gemakkelijke manier worden geholpen.

Komend weekend maak ik coq au vin, op het gas van het gasbedrijf dat toevallig bij mij in de gemeente de energie levert. Ik ben benieuwd of dat straks goedkoper wordt als ik mag kiezen. Vast wel. In andere landen is dat immers ook gebeurd!

Liberalisering zonder regels

In het jaar 2000 was privatisering van (semi-)overheidsdiensten het gesprek van de dag. Links was ertegen en wilde de staatsmonopolies in stand houden, en rechts wilde meer vrije markt. Als die vrije markt niet mogelijk was, omdat er bijvoorbeeld maar één infrastructuur was, moest die vrije markt gesimuleerd worden. Meerdere treinmaatschappijen die dezelfde rails en stations gebruiken, een vrije taximarkt, waar de klant ook nummer drie uit de rij kan kiezen en een vrije gasmarkt; dat was het ideaal van rechts.

De Consumentenbond heeft geen partijpolitieke overtuiging. De politiek kiest voor privatisering of voor een staatsmonopolie. Wij zien dat er aan beide risico's kleven. Wij brengen die risico's in kaart en vertalen die naar voorwaarden voor de markt en de wetgeving.

Bij staatsmonopolies kijken we naar te hoge prijzen, slechte service en gebrek aan innovatie. Bij geprivatiseerde diensten letten we op echte concurrentie (valt er iets te kiezen), duidelijkheid van de keuze-informatie en machtsposities. Staatsmonopolies zijn even slecht als particuliere monopolies.

Twee voorbeelden. Het kostte mijn vader een dagloon om mijn moeder naar haar zus in de VS te laten bellen. Deze prijzen verschrompelden toen PTT Telecom concurrentie kreeg. Kijk ook eens naar de elektriciteitsprijzen van nu. Als je nog bij een oude leverancier zit, betaal je tot 20% meer dan bij een nieuwkomer. Dezelfde stroom, uit dezelfde centrale. Op het moment dat je overstapt, belt die oude leverancier je op met de vraag om terug te komen. Tegen een veel lagere prijs. Mijn conclusie is dat wij jarenlang door staatsmonopolies zijn bedonderd. Als je hier wat van zegt, word je automatisch in het hokje van de neoliberalen gestopt. Ten onrechte! Een staatsmonopolie kan best, maar daar horen beschermingsmaatregelen bij voor de consument.

Bescherming is ook nodig bij een vrije markt. Anders zien we de markt mislukken. Kijk naar de taxibranche. De vergunningen werden afgeschaft, maar daar kwam niets voor in de plaats. Een kind had kunnen bedenken dat een klant niet echt nummer drie uit een taxirij kiest. Dan breekt immers de pleuris uit. Bovendien heeft de consument geen mogelijkheid om de kwaliteit van een taxi vooraf te toetsen.

Ook de concurrentie op het spoor is hopeloos mislukt. Het was te on-praktisch. Het is met één aanbieder al moeilijk genoeg om ons bestaande spoorwegnet efficiënt te gebruiken; met meer aanbieders wordt het een nachtmerrie. Ook qua veiligheid.

Gelukkig heeft de overheid afscheid genomen van concurrentie op het spoor. Maar ze heeft nagelaten om goede regels te bedenken om consu-menten te beschermen tegen het particuliere staatsmonopolie van de NS. We zijn nu overgeleverd aan de goede wil van de NS-directie, die hier tot op heden geen misbruik van maakt. Laten we hopen dat dat zo blijft.

MET ZORG VERZEKERD?
juli 2000

Het gaat goed met Nederland. Althans, dat is een vaak gehoorde spreuk. En in zijn algemeenheid is dat natuurlijk ook zo.

Bovendien kunnen we zelf maatregelen treffen waardoor we, als het even wat minder gaat, in ieder geval financieel niet in grote problemen raken. Verzekeren heet dat en we groeien daar in ons land mee op.

Je verzekert je tegen allerlei risico's. Ik heb een verzekering voor mijn huis, auto, oude dag en voor het geval ik ziek word. Ik heb tot nu toe geen problemen met mijn zorgverzekering. Dus ook wat dat betreft gaat het goed in Nederland?

Nee dus. Slechts drie dagen heeft de Consumentenbond eind mei een speciaal telefoonnummer opengesteld waarop consumenten hun ervaringen kwijt konden. Ruim 1800 meldingen hebben we gekregen. En verreweg de meeste ervaringen zijn negatief. Voor een telefoonactie als deze is dit een groot aantal.

Juist bij een verzekering is het belangrijk dat de aanbieder klaar voor je staat als je hem nodig hebt. Want zo lang het goed met je gaat, is er niets aan de hand en zal je nauwelijks reden hebben om te klagen. Maar o wee als je een keer ziek wordt. Of als je ziek bent geweest en je wilt daarna van verzekeraar veranderen. Dan blijken opeens veel deuren dicht te zitten.

Ons telefoonteam heeft mensen aan de telefoon gehad die diep in de put zitten. Omdat ze door verzekeringsmaatschappijen botweg worden geweigerd, vaak op onduidelijke gronden. Of omdat ze behandelingen niet vergoed krijgen. Misschien nog wel het ergste is de onpersoonlijke behandeling waar mensen bij verzekeraars tegenaan lopen.

De Consumentenbond wil de komende jaren de positie van de consument van zorgverzekeringen verbeteren. Onder meer door te komen met een vergelijkingssysteem op basis waarvan de consument zelf een keuze kan maken voor een verzekeraar. Verzekeraars met een slechte dienstverlening zullen dan de deksel op hun neus krijgen. Het blijkt hard nodig.

Leve de vrije zorgmarkt

Het zal wel een eeuwig probleem blijven. Je verzekert je tegen onheil. Dan gaat het mis en doe je een beroep op je verzekeraar. Als die dan moeilijk gaat doen, 'baal je als een stekker'. Het komt ook voor dat de verzekeraar wel uitbetaalt, maar dat je bij een verlenging van de verzekering meer moet gaan betalen of, in het ergste geval, helemaal niet meer als klant wordt geaccepteerd. Hoe kan dit?

De oorzaak kan bij de klant liggen, of bij de communicatie tussen klant en verzekeraar. De klant kan de omvang van de dekking niet goed begrepen hebben. Brochures en reclame-uitingen zijn immers vaak optimistisch. In het slechtste geval probeert de verzekeraar de uitkering te rekken, in de hoop dat de rechthebbende genoegen neemt met een schikking.

Mijn column uit 2000 ging over zorgverzekeringen. Onder druk van de concurrentie zie ik nu, tien jaar later, verbetering, vooral in de communicatie. Zorgverzekeraars moeten sinds een paar jaar met elkaar concurreren. De inhoud van de basisverzekering wordt door de overheid bepaald en de zorgverzekeraars bepalen hun prijs en eventuele extra's. Voor de basisverzekering mag een zorgverzekeraar niemand weigeren. Zorgverzekeraars beseffen dat de klant aan het einde van het kalenderjaar heel gemakkelijk voor een andere aanbieder kan kiezen. Zij leren ook dat hun rol meer is dan het uitvoeren van een financiële transactie. Klanten verwachten dat hun verzekeraars de juiste zorg hebben ingekocht: goede zorg tegen een redelijke prijs. Steeds meer zorgverzekeraars besluiten om te excelleren in zorginkoop, omdat zij ook wel weten dat het uiteindelijk om kwaliteit gaat.

Hoewel linkse politieke partijen het niet met mij eens zullen zijn, ben ik positief over ons zorgstelsel. Dat neemt niet weg dat er nog steeds dingen misgaan en dat er voortdurend aan vernieuwing moet worden gewerkt. Al is het maar om het stelsel steeds aan te passen aan de innovaties in de zorg.

BENZINEMACHT
oktober 2000

Het was het nieuwsitem van de afgelopen weken: de hoge benzine- en dieselprijzen. Wegblokkades, petities en ministerieel overleg binnen Europa waren het gevolg.

Ondertussen gaven de overheid en de oliemaatschappijen elkaar de schuld van de hoge prijzen. Natuurlijk betalen wij voor een liter brandstof veel accijns. Ook wij vinden dat de overheid zich moet afvragen of het beruchte kwartje van Kok nog wel nodig is. Maar het zielige gedoe van Shell slaat alles. In een paginagrote dagbladadvertentie wekte de marktleider de indruk dat hij slechts 3 cent verdient aan een liter euro loodvrij.

Die 3 cent is de vaste marge die in een liter zit, ongeacht de prijs. Maar daarnaast verdient Shell aan het verschil tussen de inkoopprijs die de pomphouder betaalt en de productieprijs. En dan zijn er nog distributiekosten voor het bevoorraden van de Shell-pompen.

Shell heeft samen met de andere grote oliemaatschappijen bijna alle benzinepompen in Nederland in bezit. Dit is natuurlijk absoluut niet concurrentiebevorderend, nog los van de verdenkingen die er zijn over prijsafspraken.

Er is maar één echte manier om de marktwerking in de benzinebranche van de grond te laten komen. Dat is door de verkoop van benzine wettelijk te scheiden van de productie van benzine. Dit betekent dat de benzinepomp onafhankelijk van de oliemaatschappijen zijn benzine moet verkopen. Het grote voordeel hiervan is dat de benzinepompen moeten onderhandelen met de oliemaatschappijen over de prijs van benzine. Hoe lager de inkoopprijs, des te lager de prijs is aan de pomp voor de consument. Een onafhankelijke benzinepomp moet voor zijn eigen omzet zorgen en zal zich dus moeten onderscheiden van anderen, bijvoorbeeld met de prijzen. De discussie over marktwerking in de benzinebranche verloopt door de machtspositie van de oliemaatschappijen moeizaam, maar wij gaan hem zeker aan met de overheid en de oliebranche.

David en Goliath

Als een bedrijf erg groot wordt, neemt de kans op machtsmisbruik toe. Als dat bedrijf dan ook nog in een markt opereert waar een handjevol soortgelijke bedrijven de gehele wereldmarkt domineert en het product een basisbehoefte als energie betreft, dan is de beer los.

Al jarenlang hebben mensen gespeculeerd over het vermeende misbruik van de machtspositie van Shell in ons land en daarbuiten. Bij mijn weten is er nog nooit overtuigend bewijs geleverd. In 2000 was er een kakelverse Shell-directeur die in een besloten gezelschap zei dat het toch duidelijk was dat Shell misbruik pleegde. In de zaal zat iemand die de presentatie had opgenomen. Shell ontkende. Een NOS-filmploeg ging onderweg naar het kantoor van de Consumentenbond. Halverwege de weg Hilversum–Den Haag keerde de filmploeg rechtsomkeert. Shell had een telefoontje gepleegd naar de hoofdredactie van het Journaal...

Van die nieuwe Shell-directeur heb ik nooit meer iets vernomen. Achteraf heb ik wel geconcludeerd dat de man nog zo kort bij Shell werkte dat hij nooit van een eventueel misbruik op de hoogte kon zijn.

Intussen zijn de benzineprijzen nog sterker gestegen. Verreweg het meeste geld gaat naar de overheid. Ze noemen dat 'groene belasting'. Een beetje ironisch om belasting op vervuilende producten 'groen' te noemen. En dan maar blijven hopen dat het werkt. Nee dus!

We zijn gewoon gewend geraakt aan de hoge prijzen. Bovendien hebben de meesten van ons geen kans. We zijn in de fuik gelopen. Ze hebben woonwijken gebouwd ver van het werk. Kijk naar Almere en Zoetermeer. Vervolgens is er te weinig openbaar vervoer om de mensen efficiënt naar hun werk te vervoeren. En als je dan met je auto in de file staat, ben je de gebeten hond die met een groene belasting bestraft moet worden.

Als consument ben je het kwetsbaarst als je afhankelijk bent van een bepaald product. Afhankelijkheid is machteloosheid. Kijk naar sigaretten, medicijnen en benzine. Marktpartijen knijpen je zoveel mogelijk uit. En vaak doet de overheid ook nog een duit in het zakje.

Het beste is natuurlijk om te voorkomen dat je te kwetsbaar wordt. En als het toch gebeurt, maar hopen dat organisaties als de Consumentenbond voldoende tegenwicht kunnen bieden in de strijd om de macht...

ARROGANTE MONOPOLISTEN
november 2000

In juni stuurde ik een brief naar de Nederlandse Spoorwegen om mij te beklagen over een dagje uit. Dankzij overvolle treinstellen en verkeerde Reisplanner-informatie viel dat gezinsuitje behoorlijk in het water. Ik klaagde niet als algemeen directeur van de Consumentenbond, maar gewoon als klant. Tot op de dag van vandaag heb ik geen antwoord op mijn brief gehad.

Dat is tekenend voor het gedrag van alleenheersers. Ook deze (trein) monopolist meent zich dit soort gedrag te kunnen veroorloven. Overstappen naar een concurrent zal ik toch niet doen, want….die is er niet!

Op het terrein van de kabel zien we hetzelfde. Je hebt het als consument maar te doen met de kabelaar die toevallig bij jou in de gemeente de infrastructuur in handen heeft. Ook die voelt niet de hete adem van een concurrent in de nek en meent zich dus klantonvriendelijk op te kunnen stellen. Een goed voorbeeld daarvan is UPC. We hebben het een arrogant bedrijf genoemd. Dat doen we bij de Consumentenbond niet zo snel. Maar als je slecht bereikbaar bent en niet reageert op brieven, faxen en e-mailtjes met klachten, heb je zo'n predikaat meer dan verdiend.

Het grote kabelbedrijf zegt al jaren dat het beter gaat worden, maar doet nog steeds niet wat het belooft. Zoals het bieden van supersnel internet. Per maand krijgt UPC naar eigen zeggen 150.000 klachten. Voorwaar een indrukwekkend aantal.

De commotie rond UPC heeft in de media de vraag opgeworpen of we de privatisering niet terug moeten draaien. Kan de kabel bijvoorbeeld niet beter weer in overheidshanden komen, net als het openbaar vervoer? Dat vind ik een onzinnig idee. Ik zou niet weten hoe dat praktisch gezien zou moeten. En bovendien, was het vroeger dan allemaal zo geweldig? Toen hadden de bedrijven geen enkele prikkel om hun best te doen, laat staan innovatief te zijn.

Beter is het om te proberen zo snel mogelijk echte concurrentie te krijgen. De beste verhouding tussen prijs en kwaliteit komt op den duur tot stand in een vrije markt, daar zijn wij bij de Consumentenbond absoluut van overtuigd. Dus moeten we alles op alles zetten om vlug alternatieve aanbieders te krijgen op de kabel en op de vaste telefoon, en ook bij de levering van gas, stroom en de post.

De noodzaak van genadeloos toezicht

Witte sneeuw, een ouderloze wees, ronde cirkels en arrogante monopolisten. Allemaal dubbelop. Alle monopolisten zijn of worden arrogant. Dat is niet zo vreemd. Dat mag je die organisaties niet verwijten. Het heeft ook niets te maken met het feit dat bedrijven geld moeten verdienen.

De grootste monopolist op velerlei gebied is de overheid. Die heeft arrogantie uitgevonden. Lees eens de bevindingen van de Nationale ombudsman. Het is dramatische non-fictie. Schrijf eens een klachtenbrief aan de gemeente. Haha. Of nog leuker, daag de gemeente eens voor de rechter. Dan kun je beter verhuizen. Je krijgt er geen poot meer aan de grond. Je wordt weggepest. Een goed voorbeeld is die ondernemer in Almelo, die na een gewonnen rechtszaak nog steeds door de gemeente werd weggepest en volledig door het lint ging.

Soms zit er ook een mens bij de gemeente. Dan gaat het ineens anders. Ik had een paar jaar geleden de drang om uit te zoeken of ik wel voorouders had, of beter, wie mijn voorouders waren. Daarom schreef ik een briefje aan de gemeente Den Haag en aan Coevorden, met de vraag om mij door te geven wie de kinderen van over-overoma X en over-overopa Y waren. Twee dagen later kreeg ik antwoord uit Coevorden. Met een balpen had iemand de gevraagde informatie over mijn voorouders opgeschreven. En de grote gemeente Den Haag? Daarvan ontving ik drie weken later een offerte om voor veel euro's dezelfde informatie uit de computer te halen.

Het is een oertaak van de Consumentenbond om monopolies te bestrijden. Of dit nu overheidsmonopolies zijn of bedrijven die een monopoliepositie hebben verworven. De organisaties in kwestie weten ook wel dat het in principe fout is om een monopolie te zijn. Het eerste antwoord op een aanval op een monopolist is daarom ook ontkenning. Ontkenning dat hij een monopolist is. Zo zeggen de spoorwegen dat je ook met de bus kunt gaan, kabelbedrijven dat je ook een satellietontvanger kunt kopen. Dat dit een onpraktische of wel heel dure oplossing is, schijnt helemaal niet uit te maken.

Lokale overheden noemen zichzelf ook geen monopolie. Zij roepen dat er een lokale democratie is en dat hun burgers (consumenten) straks gewoon weer kunnen stemmen als ze niet tevreden zijn. Flauwekul natuurlijk. Wie stemt er nou nog voor de gemeenteraad? En de mensen die dat toch doen,

doen dat helaas vaak niet om het gedrag van hun gemeente te veranderen, zij volgen dikwijls hun nationale stemgedrag. Of zij stemmen op een protestpartij, die dan bijna nooit in het college komt.

Soms is een monopolie de enige mogelijkheid iets geleverd te krijgen. Dat geldt bijvoorbeeld voor de infrastructuur van water, spoorrails en elektriciteit. In dat geval is genadeloos toezicht nodig om de organisaties die deze diensten exploiteren, in toom te houden. Toezicht dat net zo genadeloos is als de vrije markt. Een bedrijf dat vergeleken met een concurrent onvoldoende presteert, gaat failliet. Dan worden de mensen ontslagen en de investeerders zijn hun geld kwijt. Dat is het zelfreinigend vermogen van de kapitalistische economie. Maar toezicht op monopolisten heeft nog nooit tot vergelijkbare consequenties geleid. En daarom blijven monopolisten arrogant.

KEUKENGEVAREN
december 2000

Zelf koken blijft een van mijn grote hobby's. De laatste tijd doe ik het een stuk bewuster. Natuurlijk let ik erop dat het kookgerei schoon is en dat ik mijn handen was. Maar als het gaat om het bestrijden van bacteriën, dan pas ik nu toch meer op. Dat komt door alle rampberichten die we de afgelopen maanden over ons heen hebben gekregen over de kwaliteit van ons voedsel.

Bijvoorbeeld over de bacteriën die de Consumentenbond eerder dit jaar heeft aangetroffen op kippenvlees. De beruchte salmonella- en campylobacterbacterie komen nog steeds op grote schaal voor, ondanks een 'Plan van aanpak' van de pluimveesector. Minister Borst heeft naar aanleiding van ons onderzoek besloten om vanaf volgend jaar een waarschuwingsetiket op kip te plakken. De begintekst luidt: 'Let op! Dit product bevat ziekmakende bacteriën'.

De pluimveesector is natuurlijk niet blij met dit etiket. En ik geef toe: ook ik zou schrikken als ik dit in de winkel zie liggen. Toch zijn wij groot voorstander van deze maatregel. Ik zie het als een noodverband: zolang de sector er niet in slaagt om de besmettingsgraad van kippenvlees naar beneden bij te stellen, moet de consument wel worden gewaarschuwd.

Een gewaarschuwd mens telt voor twee. Ik zal voorzorgsmaatregelen nemen: de kip volledig doorbraden en daaraan voorafgaand elk contact met andere voedingsmiddelen voorkomen.

Minder vlees eten is natuurlijk ook een optie. Dat doen mijn kinderen ook al, zij eten veel liever groente en fruit. Helaas (zie ook Actie & Nieuws) blijkt dat ook niet altijd zonder risico.

En dan hebben we nog de paniek rondom BSE. Die paniek is terecht, omdat er nog heel veel onbekend is. Wat veroorzaakt die ziekte nu precies? Wanneer ben je er vatbaar voor? Hoelang duurt het voordat het gevolg van de ziekte zich bij de mens openbaart? Overheden zitten overduidelijk in hun maag met de zoveelste voedselaffaire in korte tijd.

Gevaar op de weg

Het RIVM heeft indertijd uitgerekend dat er ongeveer 60 mensen per jaar overlijden aan campilobacter- en salmonellabacteriën. De helft daarvan was besmet door kip. Dat is dus 30 doden per jaar. Om de twee jaar doet de Consumentenbond onderzoek naar ziekmakende bacteriën en elke keer is iedereen geschokt. We vinden het een schande dat anderen ons aan dergelijke risico's onderwerpen. Maar is dat schande spreken terecht?

Leven zonder risico is onmogelijk. Dat willen we ook niet. Bij keuzes die we zelf maken en waarvan bekend is dat er (grote) risico's aan kleven, gaan we relaxed met risico's om. Je hoort nooit een alpinist klagen over de risico's van bergbeklimmen en er zijn ook geen klagende rokers. Heel anders reageren we op risico's die minder voor de hand liggen, zoals bacteriën in kip en natuurrampen. Dan moet er een schuldige worden gevonden. Van dit soort risico's zijn we niet gediend. We willen wel doodgaan, maar dan aan iets waar we plezier aan beleefd hebben. We zijn onszelf zo belangrijk gaan vinden dat we elk verlies van menselijk leven als iets onnatuurlijks zien.

Het doorslaan van de angst voor risico's maakt ons niet gelukkiger. We moeten accepteren dat er zonder risico geen leven mogelijk is. Niet alleen zelfgekozen risico's, maar ook risico's die anderen ons aandoen. Aan de andere kant is het wel zaak dat we van fouten leren. Een goed voorbeeld is hoe we omgaan met verkeersdoden. We accepteren dat er slachtoffers vallen in het verkeer, maar we nemen elk jaar weer nieuwe maatregelen om het aantal omlaag te brengen. Qua verkeersveiligheid zijn we een van de veiligste landen ter wereld. Toch sterven er nog ruim 600 mensen per jaar in het verkeer. Vergeleken met andere risico's (slangenbeten, terroristische aanslagen) is dit risico aanzienlijk. Ondanks dat stappen wij met onze kinderen zonder hierover na te denken in de auto.

Onze risicoperceptie is vaak onjuist. We zijn bang voor slangen, maar niet voor auto's. We zijn bang voor terroristen, maar niet voor keukentrapjes, terwijl keukentrapjes aanmerkelijk meer slachtoffers veroorzaken dan terroristen.

Dat brengt mij op onsterfelijkheid. Het is maar goed dat mensen zich onsterfelijk wanen. Dat maakt het leven een stuk draaglijker. Een bijeffect van dit onsterfelijkheidsgevoel is de collectieve verontwaardiging als blijkt dat we dat niet zijn.

Is het nu onzin dat het RIVM en de Consumentenbond zich druk maken over problemen als bacteriën in kip? Ik vind van niet. Door te constateren dat er mensen kunnen overlijden aan risico's waarvan ze niet wisten dat ze bestonden, wordt onze wereld veiliger. Als er tenminste passende maatregelen worden genomen. Maar we moeten ons leven hierdoor niet laten verpesten.

BETERE ZORG
januari 2001

Vorige week kregen we de resultaten van onze enquête over de gezondheids-zorg in Nederland. Opvallend was de bereidheid van de meeste mensen om zich solidair op te stellen als het gaat om het betalen van de premies.

Daarnaast kwam uit het onderzoek duidelijk naar voren dat de wachtlijsten weggewerkt moeten worden, zelfs als dat extra geld gaat kosten.

Ik ga hier nog een stap verder door te stellen dat het nu maar eens echt afgelopen moet zijn met die wachtlijsten. Patiënten hebben betaald om zorg geleverd te krijgen, niet om op een wachtlijst terecht te komen. Die zorg-plicht is nota bene in de wet verankerd. Wat zou er gebeuren denkt u, als een consument een koop- of huurovereenkomst heeft gesloten voor een huis en dat huis wordt niet geleverd? De gezondheidszorg is wat dat betreft natuurlijk niet anders.

De Consumentenbond is op zijn Bondscongres van 9 december gestart met de campagne 'Maak de zorg beter!' Wij vinden dat consumenten ge-compenseerd moeten worden als de gevraagde zorg niet geleverd wordt.

Voor operaties aan hart, heup of ogen bijvoorbeeld moeten consumenten in staat gesteld worden de behandeling elders te laten plaatsvinden; desnoods in het buitenland. Bij zaken als thuiszorg zou voor elke dag dat de gevraagde zorg niet geleverd wordt simpelweg een geldbedrag ter compensatie gege-ven moeten worden. En uiteraard is er dan nog de rechter om levering af te dwingen.

Dit middel is al eens eerder ingezet. Ouderen hebben met succes een beroep op de rechter gedaan om opname in een verpleeghuis af te dwingen. Ook ouders van gehandicapte kinderen wisten via de rechter de verzorging te regelen waar zij recht op hadden. Het is triest dat wij het zover laten komen dat mensen die toch al in de problemen zitten ook nog eens een rechtszaak moeten voeren.

Met het stellen van onze eisen is de campagne slechts van start gegaan. Het spreekt voor zich dat u de komende maanden nog van ons zult horen.

Betaalbare zorg

'Maak de zorg beter' zeiden wij in 2001. En we waren niet de enigen. Later gebruikte Pim Fortuyn de wachttijden in de zorg als belangrijk argument om de 'puinhopen' van paars aan te tonen. Een beetje flauw, van Pim Fortuyn dan.

Het zorgstelsel was gebaseerd op een soort beschikbaarheid. De overheid bepaalde wat wij wilden besteden aan zorg. Dat geld werd verdeeld over de zorgaanbieders. Die deden dan hun best om dat geld zo goed mogelijk te besteden. Maar als het op is, dan is het op. Daarom kwam het voor dat ziekenhuizen al in oktober door hun budget heen waren, ondanks de langere wachtlijsten. Mensen hadden een zorgverzekering, maar als je in november zorg nodig had, had je pech. Vergelijk dit eens met een brandverzekering die in december niet uitkeert omdat het budget dan op is. Onacceptabel.

De politiek van toen heeft adequaat ingegrepen door het zorgstelsel structureel te veranderen. Nu zijn het de verzekeraars die de dienst uitmaken. De overheid bepaalt wat er allemaal in het basispakket moet zitten en de verzekeraars zijn vrij om de prijs te vragen die zij willen. Consumenten hebben nu recht op behandeling, ook als dat het budget van de verzekeraar te boven gaat. En als dat in ziekenhuis A nu even niet gaat, dan maar naar ziekenhuis B. Zelfs als ziekenhuis B in het buitenland staat. Daarmee is de wachtlijstenproblematiek voor een groot deel opgelost.

Omdat de verzekeraars hun eigen prijs kunnen bepalen, lopen we het risico dat de premie onbetaalbaar wordt. Tot op heden is dit niet gebeurd, omdat de concurrentie de verzekeraars scherp en zuinig houdt. We zien de premie elk jaar wel stijgen, maar volgens het Centraal Bureau van de Statistiek is deze stijging niet hoger dan voorheen, eerder lager. De stijging van de premies is te wijten aan innovaties in de zorg en de vergrijzing. Innovaties kosten geld en oudere mensen zijn qua zorg duurder dan jonge mensen.

Er is natuurlijk wel een macro-economisch probleem dat de overheid moet oplossen. Welk percentage van ons nationaal inkomen kunnen wij verantwoord aan zorg uitgeven? Iedereen snapt dat als de ene helft van Nederland volledig bezig is om de andere helft te verzorgen (dus 100% van ons nationaal inkomen aan zorg wordt uitgegeven) wij ten onder gaan. Er is dan geen ruimte meer om iets anders te doen dan verzorgen en verzorgd worden. Momenteel geven wij 13,3% uit aan zorg. Dat is bijna €5000 per

persoon. Door de (kostbare) innovaties en de hogere leeftijdsverwachting, stijgen deze uitgaven. Met efficiencyverbetering kan deze stijging wel enigszins worden beperkt, maar daar zitten grenzen aan. Een betere zorg moet je kunnen en willen betalen.

In het ideale geval van economische groei, kan een deel van die groei voor stijgende zorgkosten worden gebruikt. Maar wat nou als die economische groei een paar jaar uitblijft? Dan zul je moeten kiezen. Meer geld aan zorg betekent dan automatisch dat je minder geld over hebt voor andere dingen.

Wie bepaalt nou welke zorg wij willen doen en welke zorg niet? Voor de basisverzekering is dat de overheid en voor de aanvullende verzekeringen zijn het de consumenten zelf. Op dit moment zit vrijwel alles in de basisverzekering. Gezien de economische stagnatie ligt het voor de hand om in de nabije toekomst niet alles meer automatisch in de basisverzekering te stoppen.

Jammer, maar er is wel een voordeel. Zorgverzekeraars krijgen de mogelijkheid om zichzelf beter te profileren door adequate aanvullende verzekeringen aan te bieden.

ACTIE NS
februari 2001

De Consumentenbond heeft de reputatie van betrouwbare, zorgvuldige partner. Met gedegen onderzoek en onderbouwde standpunten zijn we er vaak in geslaagd de positie van consumenten te versterken. Dat doen we door te praten met producenten, dienstverleners en overheden en door, indien nodig, druk uit te oefenen. Dit werk achter de schermen trekt niet altijd de aandacht, maar is vaak bijzonder effectief gebleken.

Het is dan wel jammer dat in de media het succes niet direct wordt toegeschreven aan het werk van de Consumentenbond, maar het gaat uiteindelijk om het resultaat dat we voor u bereiken.

Hoe moeten we in het licht van dit overwogen, zorgvuldige en vaak succesvolle optreden de actie zien die we vlak voor de kerst voerden naar aanleiding van de slechte dienstverlening van de NS? Met een actiebus langs de stations en teams het land in om handtekeningen te verzamelen. Het lijkt niet te passen bij het beeld van de constructieve onderhandelaar.

Volgens critici zou het wel erg gemakkelijk zijn om met de actie een kortstondig succesje in de media te boeken. Op zich klopt dat, want alle radio- en tv-programma's en de dagbladen besteedden aandacht aan de actie. Er was volop bijval, niet alleen van de reizigers die 12.000 handtekeningen zetten, ons bestookten met 600 e-mails en 5000 steunbetuigingen op de website, maar ook van andere organisaties en politici. Er is begrip voor dat ook wij even zijn uitonderhandeld met de NS.

Van mij hoeven we niet elke week de straat op, maar deze keer vond ik het zinvol. Het kan toch niet waar zijn dat de service van de NS verslechtert en dat de prijs omhooggaat. Dat mag een monopolist niet doen. Deze prijsverhoging is ten onrechte op 1 januari doorgevoerd en moet worden teruggedraaid. Wij zijn wel blij dat de compensatieregeling (tweede eis) al 15 februari ingaat. Komt dat nou mede door onze actie of was de NS dat toch al van plan? Wie zal het weten.

Powerplay

Jan Marijnissen (toen nog voorman van de SP) vertelde mij een keer dat de Consumentenbond eigenlijk voor nationalisering van de spoorwegen zou moeten zijn. Uit zijn mond klonk dat natuurlijk vertrouwd, hij zou ook voor nationalisatie zijn als het goed zou gaan met de spoorwegen. Goed ging het zeker niet in de eerste jaren van het nieuwe millennium. De spoorwegen gedroegen zich als een echte monopolist. De kwaliteit van de dienstverlening ging omlaag. Die kwaliteit wordt gemeten in het aantal vertragingen en de kans dat je geen zitplaats kan vinden. Met name de vertragingen liepen toen erg op.

Daarnaast werden de prijzen elk jaar doodleuk verhoogd. Dat zou in een echte markt natuurlijk nooit gebeuren. Als je kwaliteitsproblemen hebt, be-loof je beterschap en maak je je diensten natuurlijk niet duurder. De media stonden elke dag bol van de negatieve verhalen over de NS. Daar kwam nog bij dat de NS problemen kreeg met het eigen rijdend personeel dat gezellig het land wilde blijven rondreizen en niet beperkt wenste te worden tot een 'rondje kerk'.

In een zwak moment beloofde de NS het volgende jaar de prijzen niet te verhogen. Na een directiewissel kwam de NS hierop terug. Minister de Boer had hiervoor toestemming gegeven, maar werd door de kamer gedwongen toch bezwaar te maken. Dat weigerde de NS natuurlijk. Tegen zijn zin ging de minister procederen. Wij deden mee met het proces, omdat ons een prijzenstop beloofd was. De minister verloor de zaak omdat het contract tussen de overheid en de spoorwegen een onterechte prijsverhoging toe-stond, maar wij wonnen. De NS mocht geen prijzen verhogen, op straffe van een dwangsom.

De volgende ochtend om 9 uur vond ik een brief van de advocaat van de NS, waarin hij stelde dat de NS in beroep zou gaan en de prijzen nu al toch wilde verhogen. Hij waarschuwde mij dat de Consumentenbond, als ik hen zou houden aan de rechterlijke uitspraak en hij in het hoger beroep zou winnen, aansprakelijk zou zijn voor de geleden schade. Die schade was dan de prijsverhoging maal het aantal kaartjes. Dit zou onherroepelijk het einde van de Consumentenbond hebben betekend.

Om 9.10 uur belde ik met de redactie van NOVA, die de directie van de NS belde. De directeur Consumentenzaken, Bert Meerstad, belde ons meteen terug dat de advocatenbrief op een misverstand berustte. Dat telefoonge-sprek leidde tot een gesprek onder vier ogen. Daarin spraken wij af dat de geplande prijsverhoging alsnog zou doorgaan op het moment dat de NS de vertragingen had beperkt. Tevens werd afgesproken dat consumenten een schadevergoeding konden krijgen bij vertraging.

Dit bleek een doorbraak voor beide partijen. De NS kon een prijskaartje hangen aan (minder) vertragingen en de consument werd gecompenseerd. In 2004 hadden de spoorwegen hun vertragingsproblemen voldoende opgelost en kon de prijs met 2% omhoog. Daarmee was de doelstelling van beide partijen gerealiseerd en is de wenselijkheid van nationalisatie nog steeds niet dichterbij gekomen.

Bij een monopolist werken ook mensen, en die nemen soms het mono-polistengedrag over. Om het 'rondje kerk' te vermijden wilden medewerkers van de spoorwegen rond Zwolle staken. Een wilde staking, want de vakbond deed niet mee. De Consumentenbond heeft toen door de rechter de staking laten verbieden. Het was de eerste keer (en vooralsnog de enige keer) dat een consumentenorganisatie een staking tegenhield.

ESPRESSOSERVICE

mei 2001

Mijn espresso-apparaat is kapot! Dat betekent lichte paniek in huize Cohen, want mijn vrouw en ik zijn verslaafd aan espresso. Sinds wij in Italië voor het eerst een espressootje dronken, zijn we allebei verkocht. Het is zo veel lekkerder dan gewone koffie…

We hebben inmiddels van alles geprobeerd om het apparaat weer aan de gang te krijgen, maar tevergeefs. We voelen ons ook een beetje schuldig dat we nooit iets hebben gedaan aan onderhoud. Dan maar naar de winkel voor een nieuwe. Gezien onze verslaving konden we natuurlijk niet wachten op de uitslag van het onderzoek van de Consumentenbond naar espresso-apparaten, want die was toen nog niet bekend. Het resultaat van die test vindt u overigens in deze *Consumentengids* (pagina 38).

Wij moesten dus maar blindvaren op de verkoper. Tot mijn grote blijdschap, en ik moet eerlijk zeggen ook wel tot mijn grote verrassing, troffen we een hele goede. Zonder dat de verkoper wist dat ik van de Consumentenbond ben, werd ik uitstekend ontvangen en goed geholpen. Al snel viel mijn oog op een espresso-apparaat van ƒ2000. Dat is heel veel geld, maar ik had het er graag voor over. Maar de verkoper adviseerde mij een apparaat van ƒ1000, omdat daarmee veel gemakkelijker een even lekkere kop espresso te maken zou zijn. Ik was daarmee natuurlijk zeer in mijn nopjes en wilde onmiddellijk toehappen, maar de verkoper vroeg nog even door: wat was er eigenlijk mis met onze?

Het beschreven mankement leek hem prima te repareren voor het alleszins overzichtelijke bedrag van ƒ150. Onze trouwe makker zou dan nog jaren meekunnen. Natuurlijk heb ik voor deze laatste optie gekozen. En de Haagse winkelier is een trouwe klant rijker. Ik weet nu zeker dat ik de rest van mijn leven al mijn espresssobenodigdheden en toekomstige koffiezetapparatuur bij hem zal kopen.

De laffe keuze

De winkel bestaat nog steeds en mijn apparaat is nog vijf jaar meegegaan. Toen was het echt afgelopen. De speurtocht naar een nieuw espressoapparaat leidde naar Nespresso. Dit werd de keus dankzij het enorme gemak waarmee je hiermee een goed kopje espresso kunt maken. Bovendien heeft Nespresso vele smaken en types koffie, zoals extra zwaar, koffie uit India en lichte decafé. Allemaal in leuke metallic gekleurde milieuvervuilende kuipjes.

Deze koffie drink ik nog steeds. Wel is de zeer hoge prijs een nadeel. Een kuipje, goed voor één espressootje – zeg maar twee slokjes – kost 34 cent. Dat gaat een stevige koffiedrinker niet in de koude kleren zitten.

Nespresso is erin geslaagd om een gesloten distributie op te zetten. Het is eigenlijk de bedoeling dat je de koffie op de mooie website van Nespresso bestelt. De bestelling wordt meestal de volgende dag al bezorgd. Als je toch in een winkel wilt kopen, is dat op enkele plaatsen in ons land mogelijk. In wereldsteden als Amsterdam en Parijs zijn er extreem luxe uitgevoerde koffieshops (de echte dan, met koffie, geen drugs). In de provinciale stad Den Haag, waar ik woon, is er een distributiepunt in de Bijenkorf, op de derde etage.

Nespresso weet wel dat de hoge prijzen alleen volgehouden kunnen worden als de service en de koffie perfect zijn. Nespresso levert daarom zelf het winkelpersoneel voor de shops. De gewone Bijenkorf-medewerkers zijn niet goed genoeg. De jongens en meisjes van Nespresso zijn inderdaad bijzonder vriendelijk. Je krijgt ook altijd een kopje koffie aangeboden. Best fijn, want wachtrijen van 20 minuten zijn geen uitzondering. Maar niemand klaagt. Het is wel een beetje chic om in een Nespresso-rij te staan.

Ik ben erg tevreden met mijn Nespresso-systeem, maar de koffie smaakt me minder goed dan in Italië. Waarom smaakt hij daar beter dan thuis? Laatst bij vrienden realiseerde ik wat het was. Ze hadden een echt espressoapparaat, waarin je eerst koffiebonen moet malen. Cool! Helaas was de koffie niet te drinken. Dat lag aan de manier waarop de machine bediend was. Dat moet je kunnen en dat is kennelijk niet gemakkelijk.

Bij Nespresso lukt de koffie altijd, hij mislukt nooit...maar is ook niet zo lekker als in Italië. Nespresso is de veilige keuze. De laffe keuze. Geen moeite doen, veel betalen en altijd goede koffie drinken. Had ik maar wat meer moed! Durfde ik maar wat meer risico te nemen! Kon ik maar beter koffie maken!

GROENE STROOM, VERWARRING ALOM
juni 2001

Laatst kreeg ik een brief in de bus om over te stappen naar een ander energiebedrijf. Ik begreep niets van die brief. Volgens mij kunnen consumenten pas in 2004 kiezen tussen verschillende stroomleveranciers.

Nog maar eens goed lezen dan. 'Geachte heer Cohen, u wilt graag overstappen op ons milieuvriendelijke product'. Tja, het staat er toch echt. Terwijl de afzender van de brief niet eens in mijn regio actief is.

Bij navraag bleek dat veel consumenten in verwarring zijn over de reclamecampagnes voor duurzaam opgewekte stroom. De een noemt het natuurstroom, de ander ecostroom en weer een ander groene stroom, maar het komt allemaal op hetzelfde neer. Voor het gemak praten we maar over 'groene stroom', in tegenstelling tot de ouderwetse 'grijze stroom'. Vanaf 1 juli kunnen consumenten kiezen voor dergelijke groene stroom en daarvoor eventueel overstappen naar een ander energiebedrijf. Je krijgt dan in werkelijkheid nog steeds dezelfde stroom van je oude vertrouwde energieleverancier. Alleen betaal je je rekening voortaan aan het nieuwe bedrijf en voor dat bedrag koopt het bedrijf duurzaam opgewekte stroom in, die vervolgens op de grote hoop gaat.

Als de energieleveranciers dat goed uitleggen, is daar niets mis mee. Maar de informatie van de energiebedrijven is van een bedroevende kwaliteit. En dat is jammer, want het is belangrijk dat mensen milieuvriendelijk kunnen kiezen.

Consumenten worden zelfs misleid omdat de energiebedrijven steeds meer milieu-onvriendelijke stroom inkopen in het buitenland, er veel te weinig groene stroom wordt opgewekt, groene stroom slechts een heel klein percentage van het totale stroomaanbod uitmaakt en het etiket 'groene stroom' ook nog eens onterecht op een product kan worden geplakt. Maar wat het ergst is: de energiebedrijven weigeren om openheid van zaken te geven over de exacte herkomst van hun grijze stroom, die nog altijd meer dan 95% uitmaakt van alle stroom.

Wij hebben een brandbrief gestuurd om de energiebedrijven te vragen wel open te zijn over grijze stroom en de reclame over groene stroom zo snel mogelijk aan te passen. Ik ben benieuwd of ik snel nog een brief van mijn energiebedrijf ontvang…

'Time to eat the dog'

Het was allemaal nog erger dan ik in 2001 vermoedde. Groene stroom in Nederland is een grote leugen gebleken. Als je in Nederland groene stroom koopt, krijg je gewoon de stroom die je altijd al kreeg. Niks groen, gewoon grijs. Stroom is namelijk niet zo goed over lange afstanden te vervoeren. De stroom die vanuit Scandinavië helemaal naar Nederland komt over een hoogspanningskabel, is op voordat hij hier aankomt. Dat komt door de wrijving in de kabels en zo. Maar daar is wat op gevonden. Als je in Europa groene stroom maakt, krijg je een certificaat. In Scandinavië staan veel centrales. Iedereen in Scandinavië weet dat hun stroom groen is. Daar hebben ze opgelet wat voor soort centrales ze bouwden. Maar ze krijgen wel certificaten, waar ze niets mee doen. Die certificaten worden verkocht aan energiebedrijven in Nederland, die daarmee hun grijze stroom als groen kunnen verkopen. Het milieu schiet daar geen sikkepit mee op. De consument of de overheid (subsidies) betaalt de rekening.

Het komt vaker voor. Wij worden vaker bedrogen met als argument een beter milieu. Denk eens aan de, nu gelukkig afgeschafte, vliegtax. De milieuorganisaties wilden een Nederlandse vliegtax, terwijl ze wisten dat het voor het milieu weinig uitmaakte. De overheid stond klaar om op een kortzichtige wijze de gelden te innen. Toen men zag dat consumenten gewoon over de grens het vliegtuig pakten, trokken ze deze echt domme maatregel in. Als je een vliegtax wilt invoeren, doe dat dan in heel Europa en maak alsjeblieft ook onderscheid tussen vuile en heel vuile vliegtuigen.

Het is ook weleens lekker om je boos te maken op een groep waar je zelf niet toe behoort. En als dat ook nog eens kan met milieuargumenten, schaar je jezelf bij Al Gore en andere heiligen. Lekker en goed dus. Wat zal de gemeenteraad van Nijmegen een fijne middag gehad hebben toen hij SUV's (grote energieverslindende auto's) uit het centrum wilde weren. En dan de slimmerds uit Amsterdam, die een ingewikkeld systeem op willen zetten om SUV's meer voor parkeren te laten betalen. Zolang die auto geparkeerd is, vervuilt hij niet, zul je zeggen. Hoe langer ze geparkeerd staan, hoe beter voor het milieu: ze zouden dus juist minder parkeergeld moeten betalen dan milieuvriendelijke auto's.

In het boek *Time to eat the dog* beweren de schrijvers dat een gemiddelde hond slechter is voor de CO_2 dan SUV's. Twee hamsters zijn even slecht als een plasma-tv en een goudvis is goed voor drie mobieltjes. Ik ben benieuwd hoe de stoere gemeenteraden en de rijksoverheid hierop reageren. Waarschijnlijk wordt het doodgezwegen. Wat is de CO_2-*footprint* van een extra kind? (Even ervan uitgaand dat je er al twee hebt en er een derde bij neemt.) Nu wordt dat kind gesubsidieerd met kinderbijslag. Gaan we op alle producten die de overheid niet zint extra belasting heffen?

Mag je dan helemaal geen milieumaatregelen nemen? Natuurlijk wel, maar dan alleen maatregelen die helpen en die proportioneel zijn qua kosten. Dus eerst nadenken en niet alsmaar proberen bepaalde groepen, waar je zelf toevallig niet toe behoort, in een hoek zetten. Als je dan al kiest voor additionele belasting van vervuilende producten, dan moet er volgens mij wel aan twee voorwaarden worden voldaan. De eerste voorwaarde is dat een prijsverhoging moet leiden tot een lager verbruik, anders heeft het milieu er nog steeds niets aan. De tweede voorwaarde is dat het geld dat op die manier wordt opgehaald, ook daadwerkelijk wordt gebruikt voor een beter milieu.

CONSUMENT HEEFT NIETS TE KIEZEN
juli 2001

Hoe overtuig ik mijn dochters dat ze hun bord leeg moeten eten? We praten aan tafel vaak over het welzijn van dieren op de boerderij en of ons vlees wel gezond en veilig is, maar ik begrijp er eigenlijk steeds minder van. Terwijl ik na alle media-aandacht voor gekke koeien en MKZ juist het gevoel heb dat ik het nu allemaal beter zou moeten begrijpen.

Ik voel me erg ongemakkelijk als verantwoordelijk ouder.

Uit onderzoek van de Consumentenbond blijkt dat ik niet alleen sta in mijn verwarring. Consumenten vinden dierenwelzijn, milieu en mensenrechten belangrijk en willen hier rekening mee houden in de winkel. Maar ze weten niet welke producten ze moeten kopen. Ze missen de informatie om producten hierop te kunnen vergelijken. Bovendien vertrouwen ze de informatie van de producent niet: liep de koe echt in de op de verpakking afgebeelde groene wei? De overheid wil dat de vleessector maatschappelijk verantwoord onderneemt en vertrouwt erop dat de consument kritisch is en de winkelier aanspreekt. Maar zonder betrouwbare informatie kan de consument dat niet.

In deze *Consumentengids* kunt u lezen dat supermarkten en slagerijen zeggen zich verantwoordelijk te voelen voor dierenwelzijn en milieu. Maar ze weten zelf niet hoe het er op de boerderij toegaat. Zelfs bij vragen over voedselveiligheid wijzen ze naar de overheid. Terwijl de overheid wijst op de eigen verantwoordelijkheid van het bedrijfsleven.

Overheid en bedrijven verschuilen zich achter elkaar. En binnen de keten verschuilen supermarkt, boer, slachthuis en veevoederleverancier zich achter elkaar. Een voorbeeld is dat het kabinet de pluimveesector nog vijf jaar geeft om kip veiliger te maken, terwijl er jaarlijks zestig mensen aan besmetting dood gaan. Nu kip wordt voorzien van een waarschuwingsetiket, verdwijnt bovendien de stimulans om bacterievrij te produceren. Ik vind dit een schokkende situatie.

Concrete plannen voor verslaglegging en etikettering van alle producten ontbreken. Maar de consument moet wel verantwoord kiezen! Hier is nog lang geen sprake van verantwoord ondernemen, laat staan van een verantwoordelijke overheid. De consument krijgt de verantwoordelijkheid in de schoenen geschoven. Maar wat vertel ik mijn dochters...?

Vertrouwen in informatie

Voordat een consument een goede keus kan maken, moet hij eerst weten wat er te kiezen valt. Hij heeft dus informatie nodig. Zonder informatie over de ingrediënten en de wijze waarop het product is gemaakt, geteeld of gefokt, ben je als een blinde. Je koopt dan op basis van de reclame op tv, of op de verpakking of omdat oom Koos het ook gebruikt.

Tegenwoordig zijn de mogelijkheden om informatie te verkrijgen over duurzame consumptiegoederen, vooral die met een stekker, uitgebreider, dankzij internet. Als je 'tv' of 'stofzuiger' intoetst bij Google, krijg je duizenden *hits*, waarvan er veel informatie bevatten over de producten. De herkomst van de informatie zegt iets over de kleuring ervan. Zo zal Sony over zijn eigen producten niet veel slechts zeggen. Dat is duidelijk. Moeilijker wordt het bij een site die zichzelf onafhankelijk noemt. Als het om een gratis site gaat, weet je dat die site indirect door de fabrikanten wordt gefinancierd. Dan kan hij nog steeds wel goede informatie bevatten, maar die kan ook gekleurd zijn.

Bij voedingsmiddelen heb je het etiket. Daarop staat enige informatie over het aantal calorieën en stoffen waarvoor je allergisch kunt zijn. Het etiket is natuurlijk te klein om de hele geschiedenis van de totstandkoming weer te geven. Daar worden soms keurmerken en logo's voor gebruikt: Biologisch, Scharrel, Max Havelaar enzovoort. Er zijn honderden verschillende keurmerken die er vaak alleen op gericht zijn u te verleiden om het product te kopen. Het gaat dan allang niet meer over objectieve informatie, het gaat over marketing. Het is jammer dat de goede keurmerken hierdoor ondergesneeuwd worden. Ik vind het hoog tijd dat de politiek hier wat orde in schept.

Er zijn ook voedingsproducten waar geen etiket op staat. Denk aan verse groenten en vlees. Van vlees is het extra belangrijk om de herkomst te kennen, in verband met ziekten, besmetting, milieu en diervriendelijkheid. Tien jaar geleden waren de voedingsschandalen nog schering en inslag. Maar sinds de Keuringsdienst van Waren bij het ministerie van Landbouw hoort, is er niets meer gebeurd. Niet één incident. Als echte complotdenker vertrouw ik dat niet. Het is de missie van de voormalige keuringsdienst om de consument vertrouwen te geven in ons voedsel. Dat kan door heel goed te controleren, maar ook door niets meer te zeggen. Door alle giffen en enge besmettingen te verzwijgen. Wat denkt u?

DOORGEWINTERD
augustus 2001

Op vrijdagavond ga ik nog weleens met vrienden en familie naar de Scheveningse kust. Lekker lopen langs de zee, gezellig een hapje eten bij een van de vele tentjes op het strand of aan de boulevard. Zeker met het mooie zomerweer van de laatste tijd een goede manier om even te ontspannen.

Onlangs gingen we naar Scheveningen met een groep van acht mensen: ons eigen gezinnetje en dat van de buren. We bestelden een uitgebreid buffet: een voorgerecht, een hoofdgerecht en frisdrank en wijn. Maar toen ik een karaf water met wat ijsblokjes vroeg, bleek dat niet mogelijk. 'Nee,' zei de ober, 'dat kan ik u niet geven'. Ik keek hem verbaasd aan en vroeg waarom niet. De ober antwoordde eerlijk: 'Wij willen flessenwater verkopen.' Ik legde me erbij neer en bestelde een fles water. Jammer genoeg kreeg ik slechts een superklein flesje en moest zelfs daarvoor nog f 4,25 neertellen.

Ook over de rest van de service was ik niet enthousiast. Van de acht bestelde hoofdgerechten werd er één pas geserveerd toen de anderen al uitgegeten waren. En in verhouding tot de kwaliteit van het eten was de hoogte van de rekening ook niet om over naar huis te schrijven. Toch bestaat de strandtent waar we gegeten hebben, al sinds 1974. Dan mag je toch verwachten dat ze enige ervaring hebben in het verlenen van service. Of geldt die ervaring alleen in het 'uitbuiten' van consumenten? In ieder geval, we gingen dorstig weer naar huis.

Dat het ook anders kwam, bleek een week later. Weer naar het strand voor een hapje eten, maar nu naar een strandfiliaal van een viswinkel. Het was een nieuwe strandtent, vlakbij die van vorige keer. Pas geopend en dus was de strandtenthouder nog niet zo doorgewinterd als die andere. Want een karaf water was geen probleem, we kregen heel lekker eten en het personeel was supervriendelijk tegen de kinderen, die zelfs een klein cadeautje meekregen. Misschien was dat van hem een beetje naïef, omdat hij op die manier minder winst kan maken dan zijn oudere buurman. Maar laat hem alsjeblieft nog lang naïef blijven. Voel ik me als consument een stuk beter bij!

Water uit flessen is dom

Ik houd ervan om geld uit te geven. Geen probleem met een Cubaanse sigaar van €12 of een fles Bordeaux van €36. Geld moet rollen en wie het breed heeft, laat het breed hangen. Goede wijn behoeft dan wel geen krans, maar er hangt wel een prijskaartje aan. Ik verbaas me dan ook elk jaar weer als ik hoor dat de gemiddelde fles wijn die in Nederland wordt gekocht slechts een paar euro kost. Gemiddeld wordt er in de super €2,62 uitgegeven voor een fles wijn. Het is vrijwel onmogelijk om voor dit bedrag goede wijn te kopen, tenzij je de tests van de Consumentenbond leest.

Het is veel beter om minder te drinken, maar dan wel lekker, vind ik. Ik ken iemand die zei niet van witte wijn te houden. 'Zuur!' zei ze. Tot ik een keer uit de Bourgogne een fles witte Meursault meenam. Vanaf dat moment vond zij witte wijn heerlijk. Niet alle witte wijn en niet elke dag, maar zo nu en dan een goede fles.

Waar ik wel een probleem mee heb, is het wegsmijten van geld. Door iets te kopen waar je geen plezier aan hebt, of dat meteen kapotgaat. Hoe goedkoop het ook is, ik vind het zonde van het geld. En dat brengt ons op bronwater, water in flessen. In Nederland is het kraanwater zeer goed drinkbaar. Het kopen van water in flessen is daarom heel erg dom. Voor een petflesje van een halve liter betaal je een euro of meer. Kraanwater van dezelfde kwaliteit kost een fractie van dat bedrag. Daarom is het kopen van water in flessen geld wegsmijten.

In restaurants is het moeilijk om je standpunt over water vol te houden. Je moet een sociale barrière over om op te staan en het restaurant uit te lopen als ze geen karaf kraanwater willen geven. De eerste keer dat je dat doet, heb je het gevoel dat de ogen van alle gasten en het personeel in je rug branden. Wat zullen ze wel niet denken... Zou het hier te duur voor ze zijn? Of worden ze weggestuurd? Misschien zijn ze wel vegetarisch! Ik realiseer me dat mijn dochters flink wat met mij te verduren hebben gehad. In het begin schaamden zij zich dood. Inmiddels zijn zij uitgegroeid tot getalenteerde weglopers.

Soms gaat het ook mis. Zoals die keer dat ik om een karaf water vroeg en de ober zei dat dit niet mogelijk was. De gehele familie stond op en liep richting uitgang. Toen kwam de chef naar ons toe en vertelde mij dat zij

geen 'karaf' hadden, maar dat we natuurlijk wel kraanwater konden krijgen.

Voordat ik op de website van GeenStijl weer een 'knakenpoetser' genoemd wordt (een geuzennaam) noem ik graag nog een argument tegen flessenwater. Bronwater uit een fles is twintig tot vijftig keer zo belastend voor het milieu als water uit de kraan, zo berekende ir. Alex van der Helm, die in 2007 op dit onderwerp aan de TU Delft promoveerde. Het dagblad Trouw schreef hierover in september 2008.

In 2007 dronken Nederlanders 22 liter flessenwater per persoon, terwijl dit in 2006 nog 19 liter was. Nederlanders worden dus dommer. Gelukkig drinken wij, vergeleken met andere Europese landen, relatief weinig flessenwater. Maar toch is elke liter te veel. Als je het milieu vervuilt, doe dat dan met iets wat je echt leuk vindt!

Een bizar compromis – wel veel geld betalen, maar goed voor het milieu – zie je op terrasjes. Diverse horecagelegenheden verkopen namelijk kraanwater als bronwater. Dat bleek uit een test van de Consumentenbond, die het gekochte water vergeleek met het water uit de kraan.

ZONDER TOESTEMMING
september 2001

Mijn zwager vertelde mij dat hij regelmatig een kijkje neemt op veilingsite iBazar. Zo kan hij zonder dat hij de deur uit hoeft toch allerlei handige spullen en rariteiten bemachtigen. In zijn huis zijn dan ook een paar bijzondere objecten te vinden, afkomstig uit delen van het land waar hij zelf nog nooit is geweest. Gaan ze vervelen dan biedt hij ze gewoon weer aan op de iBazar-site.

Laatst kreeg hij een email van iBazar, waarin ze schreven dat ze gaan fuseren met het Amerikaanse bedrijf eBay. Om die reden gaan ze zijn persoonsgegevens verplaatsen naar de VS!

'Dat is toch wel heel erg vreemd? Het zijn toch mijn gegevens! Kunnen ze die zonder mijn toestemming zomaar naar de VS sturen?'vroeg hij mij.

Hij belde meteen met iBazar om een verklaring te vragen. Daar kreeg hij te horen dat hij de verplaatsing van zijn gegevens alleen kan voorkomen door zelf contact op te nemen om aan te geven dat hij niet instemt met de verplaatsing. Zij hoeven dus hun klanten niet om toestemming te vragen. Dat is toch de omgekeerde wereld!

Gelukkig werk ik bij de Consumentenbond en daar laten we zoiets niet zomaar gebeuren. Na enige navraag bleek iBazar in strijd met de EU-richtlijnen te handelen. De Consumentenbond heeft vervolgens geëist dat iBazar de gegevens pas zou overhevelen als klanten daar expliciet toestemming voor hadden gegeven. De bond heeft ook de Registratiekamer ingelicht en gevraagd maatregelen te nemen. De Registratiekamer liet het er niet bij zitten en heeft bepaald dat de klanten van iBazar toestemming moeten geven voordat hun gegevens overgeheveld worden naar de VS. De privacy van de klanten is gelukkig weer gewaarborgd.

Deze week kreeg mijn zwager opnieuw een e-mail van iBazar. Ditmaal werd hem expliciet gevraagd om toestemming voor de verplaatsing van zijn gegevens naar de VS. Zo hoort het! Aangezien hij graag gebruikmaakt van de veilingsite heeft hij besloten toestemming te geven voor de verplaatsing. In ieder geval is dat nu zijn eigen beslissing.

Mensch ontwaakt!

Heeft u dat ook weleens? Dat u zich in het verleden enorm druk over iets heeft gemaakt en er jaren later hartelijk over moet lachten, of huilen? Dat gevoel heb ik bij het lezen van deze column uit 2001. Ik maakte mijzelf boos over schending van de privacyregels. Intussen is het probleem vele malen erger geworden en lijkt de kleine overtreding van iBazar (later eBay) een futiliteit.

Toen ik in de Raad van Advies van het College Bescherming Persoonsgegevens zat, heb ik mijzelf meer in privacyschendingen verdiept. De situatie is er sinds 2001 veel slechter op geworden. Privacyschendingen zijn eerder regel dan uitzondering, niet in de laatste plaats door wangedrag van de overheid en de politiek. Een paar voorbeelden.

De Nederlandse politie is kampioen afluisteren van telefoongesprekken. In de Verenigde Staten werden in 2008 maar 2208 (ja, u leest het goed) telefoontaps geplaatst. In ons land tapte de politie toen 26.425 telefoongesprekken af, dus gemiddeld 1946 per dag. In de eerste helft van 2009 is dit opgelopen tot 2254 per dag. Dat komt omdat de politie in Nederland z'n gang kan gaan, terwijl in Amerika toestemming van een rechter nodig is. Kijk ook naar de film 'Das leben der anderen' over de afluisterpraktijken van de Stasi.

Overal staan in Nederland bewakingscamera's, zonder dat er goede regels zijn voor het gebruik. De twee Nijmeegse politici die seks hadden in het fietsenhok van de gemeente, kwamen in politiek zwaar weer. De dame raakte zelfs haar baan kwijt. De beveiligingsmensen die dit wereldkundig maakten, gingen vrijuit.

Onze minister van Economische Zaken wilde een nieuwe energiemeter, een spionagekastje, verplicht stellen, waarmee energiemaatschappijen een gedetailleerd beeld krijgen van wat u uitspookt en wanneer. Ze zien bijvoorbeeld wanneer u op vakantie gaat of wanneer u gaat slapen. Die gedetailleerde informatie is niet nodig voor de rekening of zo. Ze zeggen dat het voor het milieu is. Over de beveiliging van de gegevens werd niet gesproken. Als uw gegevens worden misbruikt, bijvoorbeeld door in te breken tijdens uw vakantie, kunt u de schade niet verhalen. Dat vond de minister niet nodig. Gelukkig heeft de minister onder druk van de Consumentenbond haar wetsvoorstel in die zin aangepast dat je nu zelf mag kiezen of je zo'n 'slimme meter' wilt of niet. Dit gewijzigde voorstel wordt opnieuw aan het parlement voorgelegd.

De strippenkaart wordt vervangen door een chipkaart. Dan staan alle openbaarvervoerreizen keurig bij elkaar in een database. Er is precies te zien wie wanneer waar is geweest. Dan maar met de auto? Mispoes, want als we straks rekeningrijden, staat ook dat genoteerd.

Als de minister zijn zin krijgt met het elektronisch patiëntendossier staan al onze medische gegevens in één database. Het is dan relatief gemakkelijk om grote hoeveelheden dossiers te bemachtigen tegen lage kosten en risico's. Domme mensen zeggen weleens dat inbreken in een kast in een ziekenhuis waar nu het dossier ligt, ook tot de mogelijkheden behoort, maar straks zijn duizenden dossiers digitaal en in één keer te kraken. En ze hebben geen idee van de extra criminele mogelijkheden als die dossiers straks voor een paar honderd euro te koop zijn. De Consumentenbond probeert nog de privacywaarborgen te verbeteren, maar of dat lukt, valt nog te bezien.

Onze minister van Binnenlandse Zaken zegt: 'Veiligheid gaat voor privacy.' Zij is dus bereid om privacy totaal op te geven om de veiligheid iets te verbeteren. Zij laat zich daarmee meeslepen in de hysterie van de angst voor aanslagen. Heel menselijk, om overdreven bang te zijn voor iets dat wel erg is, maar waarvan de kans dat het gebeurt, klein is. Verstandig leven met onzekerheid is niet iedereen gegeven. Maar je zou van een minister toch beter mogen verwachten.

De lijst is nog veel langer. Het zijn natuurlijk niet alleen de politici die onze privacy schenden. Elke organisatie, en dus niet alleen de overheid, wil zoveel mogelijk gegevens. Organisaties gaan daarmee door tot de burgers ze een halt toeroepen. En de burgers laten het afweten. De domme massa zegt: 'Als je niets te verbergen hebt, mag iedereen toch alles weten?'

Mensch ontwaakt! Natuurlijk mag niet iedereen alles weten. Mensen die uit zijn op uw geld, goederen of zelfs uw complete identiteit mogen helemaal niets weten....en het moet hen zo moeilijk mogelijk gemaakt worden om uw gegevens te stelen. De Consumentenbond ziet privacy niet voor niets als een belangrijk speerpunt bij zijn belangenbehartiging.

Martina
Gedeck

Ulrich
Mühe

Sebastian
Koch

Ulrich
Tukur

Bester Film
7 Deutsche Filmpreise

Das Leben
der Anderen

MONOPOLISTISCHE AUTODEALERS
oktober 2001

Het komende halfjaar ga ik met mijn gezin naar Australië. Mijn vrouw en ik kijken ernaar uit om er een langere periode tussenuit te gaan. Maar het vergt natuurlijk wel heel veel organisatie. Voor de reis zelf. Op het werk, waar mijn mededirecteur Klaske de Jonge mijn taken zal overnemen (zie ook Actie & Nieuws). En thuis, waar uiteraard ook van alles geregeld moet worden.

Ons huis gaan we tijdelijk verhuren en de auto hebben we weggedaan. We waren toch toe aan een nieuwe en op deze manier besparen we een halfjaar autokosten. Aangezien op veel auto's algauw een levertijd zit van een halfjaar, moet ik nu al een nieuwe auto uitkiezen voor als ik weer terug ben in Nederland. Ik had een specifieke auto op het oog en enthousiast ging ik op pad.

Maar juist die auto stond niet in de showroom en dus maakten we een afspraak voor de week erop. Ook toen stond de auto er niet. Na lang wachten kreeg ik te maken met een ongeïnteresseerde verkoper die mij meenam naar een achteraf gelegen plekje op de parkeerplaats, waar de auto nota bene alleen met plastic beschermd te bezichtigen bleek. Een proefrit maken op een dag dat het mij uitkwam, was ook al niet mogelijk.

Op naar een andere stad, tientallen kilometers verderop, naar een andere dealer van hetzelfde merk. Maar ook daar stond de auto niet in de showroom. Ook hier een nieuwe afspraak gemaakt. En weer was de auto er niet. Volgens de verkoper had zijn baas de auto meegenomen op vakantie. Maar een uurtje later werd ik gebeld door diezelfde baas dat de verkoper gelogen had en de auto gewoonweg niet geregeld was. Ik heb er genoeg van en ga op zoek naar een auto van een ander merk.

Mijn ervaringen met de twee autodealers is tekenend voor hoe het gaat in deze branche. Daar is ook een duidelijke verklaring voor: de druk van concurrentie ontbreekt. De importeur bepaalt welke dealers zijn producten mogen verkopen en zo krijg je verspreid over Nederland een aantal koninkrijkjes. Je moet naar een andere stad om bij een ander bedrijf hetzelfde te kunnen kopen. En bij één dealer kunnen kiezen uit meerdere merken, is al helemaal uit den boze.

Ik vind dat een slechte zaak. De monopolistische trekjes van autodealers zouden snel weg zijn als er ook in deze markt echte concurrentie komt. In ieder geval ga ik op zoek naar een auto van een ander merk. Ik moet haast gaan maken, Australië komt steeds dichterbij…

Duitse winkels beter

De situatie is er voor autokopers veel beter op geworden. Onder druk van Europa is er concurrentie gekomen. Bovendien is de tweedehandsauto-markt door internet volledig transparant geworden. Met een paar clicks weet je hoeveel een Audi Avant van 2 jaar oud mag kosten als hij 43.000 kilometer gelopen heeft. Onlangs nog heeft mijn vrouw €2000 bespaard door een identieke Peugeot te vinden bij een andere dealer. Dezelfde auto met dezelfde garantie.

Ook de hufterigheid van autodealers is verminderd. Dat komt natuurlijk ook door de economische crisis die de autobranche wel heel hard heeft geraakt. Bij de Peugeot-dealers werden mijn vrouw en ik goed ontvangen. De verkopers waren aardig en ze wisten veel over hun product.

De Europese Unie heeft enige tijd geleden onderzocht hoe het in de EU gesteld is met het winkelpersoneel. Daarbij is gekeken naar vriendelijkheid en productkennis. Helemaal onder aan de lijst stond Frankrijk. Het winkel-personeel daar is doorgaans bijzonder onvriendelijk en weet weinig van de producten af. Logisch natuurlijk, want als je de lekkerste wijn hebt en het beste eten, waarom zou je dan nog je best doen om het te verkopen? Mensen komen toch wel naar Frankrijk. Het beste ben je af in Duitse winkels. Die scoren zowel op vriendelijkheid als op kennis het beste in de EU.

In zijn boek *We pikken het niet langer* geeft Robert Kroon met behulp van een aantal interviews aan waar de schoen wringt. Hij heeft ook met mij gesproken. Ik ken onvriendelijke service vooral van de brieven die leden van de Consumentenbond mij schreven. Ik moet eerlijk toegeven dat ik persoonlijk vrijwel geen ervaring heb met onvriendelijk winkelpersoneel. Zelfs in Frankrijk vind ik ze aardig. Diep in mijn hart ben ik al dolblij dat het meisje achter de kassa bij Albert Heijn daar überhaupt zit en dan nog vriendelijk is ook.

Het valt me wel op dat de kennis over de producten niet zo goed ontwikkeld is. Zeker bij de 'leuke' aankopen, zoals fotoapparatuur, wijn en elektronica, weet ik meestal meer dan de verkopers. Ook komt het voor dat verkopers jokken. Zo vertelde een stofzuigerverkoopster bij Media Markt Den Haag mij dat de onderzoeken van de Consumentenbond naar stofzuigers niets voorstellen. 'Ze nemen de stofzuigers gewoon een dagje mee naar huis', zei ze. Sommige mensen geloven dat dan, want ze leek wel aardig. Nu weet ik toevallig dat de Consumentenbond de stofzuigers, samen met andere Europese consumentenorganisaties, bij een extern laboratorium laat testen. De kosten bedragen tienduizenden euro's. Het is een moeilijke test. Zelfs het vuil wordt in deze test gestandaardiseerd.

Naast het jokken zie ik ook vaak dat het personeel niet goed door de werkgever is opgeleid. Service moet je standaardiseren. Zoals bij Albert Heijn. De kassajuffrouw daar zegt altijd goedemiddag of goedenavond. Bij elke klant weer. Ongeacht haar bui. De afzender van dat goedemiddag is namelijk niet de juffrouw in kwestie, maar het bedrijf. Het is dan ook het bedrijf dat moet zorgen dat het personeel bepaalde beleefdheidsregels in acht neemt.

Dat je dat ook kunt overdrijven, moge duidelijk zijn. Wie weleens in Amerika is geweest, weet wat ik bedoel.

HOLLANDSE BUSH
mei 2002

Het is even wennen: van de Australische bush terug in ons kikkerlandje. Het afgelopen half jaar heb ik met mijn gezin getrokken door Australië en dat was een hele belevenis. Maar wel schrikken als je terugkomt. De verschillen zijn gigantisch. Neem alleen al het straatbeeld.

De Australiër is veel netter als het gaat om zijn omgeving. Wij zijn eraan gewend, maar als je na maanden terugkomt in de Hollandse bush valt het weer erg op: graffiti, zwerfvuil, hondenpoep, vandalisme…. Of de klantvriendelijkheid van het winkelpersoneel. In Australië adviseren ze je gerust om iets niet te kopen of naar een concurrent te gaan. Je kunt je het moeilijk voorstellen, maar wij hebben het werkelijk meegemaakt!

Intussen zijn er zaken echt veranderd in Nederland. Neem de politieke aardverschuivingen na de gemeenteraadsverkiezingen. En niet te vergeten de introductie van de euro. De invoering van het nieuwe geld is volledig aan mij voorbijgegaan. Het schijnt allemaal prima verlopen te zijn. Maar ik heb die nieuwe muntjes en dat nieuwe papieren geld pas onlangs voor het eerst in mijn handen gehad én gebruikt. En dan heb je al gauw in de gaten dat je veel meer geld uitgeeft.

Geen wonder dat mensen het gevoel hebben dat het leven duurder is geworden door de euro! Want de bedragen lijken niet alleen veel lager (89 eurocent klinkt toch echt heel anders dan twee gulden). Maar bovendien zijn de prijzen soms flink hoger geworden. In mijn favoriete restaurant bestel ik al jaren hetzelfde gerecht. Voorheen betaalde ik altijd *ƒ* 27,50. Maar terug van wereldreis, ben ik plotsklaps €15 kwijt. Dat is maar liefst 20% meer! De ober zei dat ze toch al van plan waren de prijzen te verhogen en dat bovendien de gehele horeca dat heeft gedaan.

Uit een recent onderzoek blijkt dat de Nederlander massaal terugverlangt naar de gulden. Misschien is ook de euro alleen maar even wennen, zoals ik weer moet wennen aan hier. Maar ik kan me het gevoel wel goed voorstellen…

De beste beslissing van mijn leven

Ik ben er nooit meer overheen gekomen, over Australië bedoel ik dan. De eerste 45 jaar van mijn leven heb ik Australië altijd gemeden omdat daar toch niets te zien zou zijn. Dat klopt, en dat is nou juist de attractie van het land. Een kolossaal land zonder al die verplichte nummers waar je jezelf doorheen moet worstelen. Zes maanden waarin ik alleen maar naar het Sydney Opera House en die grote steen in het midden hoefde te gaan. Dat zijn 2 dagdelen verplichtingen en dus 180 dagen vrij. Waar kun je dat anders vinden dan in Australië? Ik heb medelijden met de mensen die tijdens hun sabbatical van stad naar stad en van bezienswaardigheid naar beziens- waardigheid reizen. Aan het eind van hun reis zijn ze doodmoe en hebben niets echt gezien.

Het plan om voor zes maanden met mijn gezin (vrouw, twee dochters van 7 en 9) naar Australië te gaan, was de beste beslissing van mijn leven. De kinderen zaten nog op de lagere school en ik kreeg toestemming van de onderwijsinspectie om ze tijdens de reis zelf les te geven. Eenmaal aange- komen in Perth (West-Australië) kochten we een Toyota Landcruiser en een vouwwagen. Die vouwwagen kon in een tiental minuten worden uitgeklapt tot een soort combinatie tussen een tent en een caravan. Dat was voor zes maanden ons onderkomen. Het was wel een sprong in het diepe, omdat geen van ons ervaring met kamperen had.

Kamperen in Australië is heel anders dan in Europa. Je mag staan waar je wilt. Dat betekent dat een kampeerterrein moet concurreren met de mooiste gratis plekjes. Dan zorg je er wel voor dat de douches schoon zijn en dat de BBQ het doet. Een ander voordeel van kamperen is dat je buiten leeft. Altijd. Dat maakt je na een paar maanden een ander mens. In Nederland ga je *soms* naar buiten. In Australië gingen we *nooit* naar binnen.

Maar de beste reden om zoiets te doen, is wel het contact binnen het gezin. Toegegeven, de harmonie wordt weleens verstoord als je maanden met z'n vieren op 16 m^2 moet leven. Ieder met één handdoek. Op wasdag heb je gewoon even geen handdoek. Maar je beleeft samen een avontuur dat de banden voor eeuwig bezegelt.

Vanuit het bedrijfsleven, de overheid en de politiek heb ik veel positieve reacties gekregen op mijn reis. Zelfs een briefje van een eurocommissaris

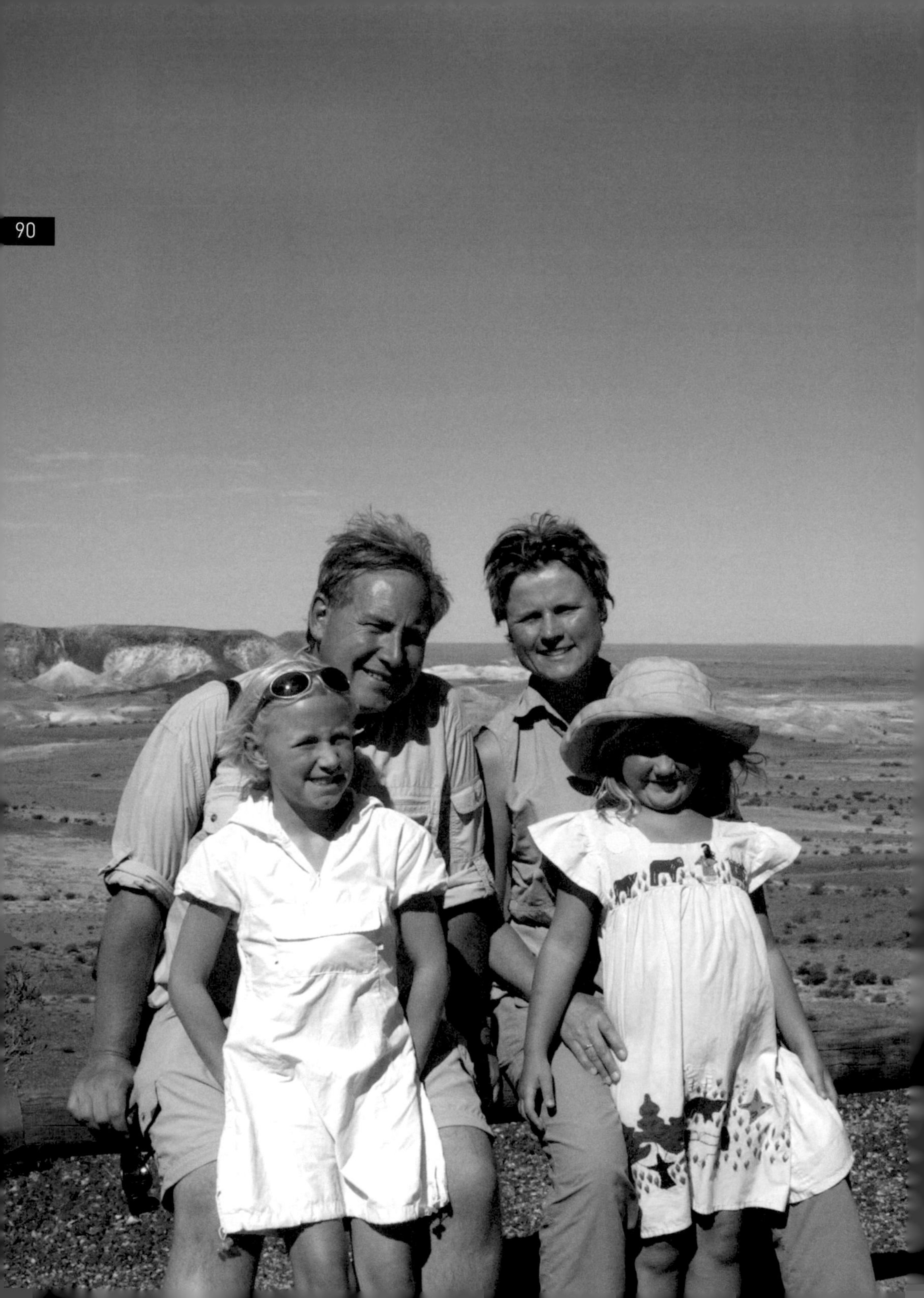

die het een goede zaak vond dat ook iemand op directieniveau zo'n stap nam. Ik heb nog jaren de vraag moeten aanhoren: 'Ben je alweer terug? Hoe was het?'

Na de 'grote reis' zijn wij niet opgehouden met reizen. Nu zijn de kinderen 15 en 17 jaar. Toch maken wij tweemaal per jaar met z'n allen een reis. De laatste jaren beseffen we wel dat onze reisjes niet best voor de CO_2-uitstoot zijn. Het schuldgevoel is groter, maar de reizen worden nog niet minder.

SONY SLECHTSTE KOOP
juni 2002

Downloaden van muziek via internet doe ik niet vaak. Eigenlijk alleen als ik muziek zoek die niet in de winkel te koop is, zoals musicalsongs uit de jaren dertig. Meestal ga ik gewoon naar de platenzaak om daar het volle pond neer te leggen voor een cd. En illegale cd's, zoals die verhandeld worden op schoolpleinen, heb ik nog nooit van m'n leven gekocht.

Natuurlijk mag het geen verrassing zijn wat er gebeurt als je een cd in een cd-speler stopt. Maar bij de nieuwste cd's van Sony is dat wel het geval. Door hun kopieerbeveiliging doen ze het niet altijd in de auto en op je pc of mac en kan het zelfs voorkomen dat je computer crasht. Dat allemaal om het illegaal kopiëren van cd's en het verspreiden van muziek via internet tegen te gaan.

Maar door deze kopieerbeveiliging overweeg ik juist wel voor het downloaden via internet te kiezen. Want als ik keurig naar de winkel ga en vijftig piek betaal voor een cd (laat u niet op het verkeerde been zetten door die veel mooier klinkende eurobedragen!), ben ik de klos. Ik kan de muziek niet afluisteren via mijn computer. En ik kan geen kopie maken voor eigen gebruik. Maar als ik de cd illegaal van internet haal en helemaal niets betaal, heb ik nergens last van!

Als eerlijke consument word ik dus gestraft door Sony. Ik word bijna gedwongen om voor de illegaliteit te kiezen. In advertenties pronkt het bedrijf met het predikaat 'Beste koop' die het uit een van onze onderzoeken heeft gekregen. Maar ik vind dat ze met hun nieuwe cd's het predikaat 'Slechtste koop' verdienen.

Sony, verzin snel wat beters!

Merk toch hoe sterk...

Eén voor één zijn de leveranciers van cd's afgestapt van de kopieerbeveiliging. Zoals de Consumentenbond al jaren geleden aangaf, was het een onzalig idee. Zo'n beveiliging houdt echte kopieerboeven niet tegen. Elke beveiliging is in een paar minuten te kraken. De enigen die last ervan hebben, zijn de brave burgers die een cd'tje kopen. Dit zijn dus precies de mensen die gewoon betalen voor de muziek.

Nog steeds storend zijn de regiocodes op dvd's. De filmindustrie heeft de wereld in zones verdeeld. Zo zijn de Verenigde Staten en Canada regio 1 en is Europa regio 2. Op de dvd's (en ook Blu-Rayschijfjes) is deze code ingebrand. Je kunt de betreffende dvd alleen afspelen op een dvd-speler die in diezelfde regio is gekocht.

Dezelfde mensen en bedrijven die normaal hun mond vol hebben van vrije handel beperken die vrije handel als het hen uitkomt. Ook politici maken dit mogelijk. Een van de voordelen van de EU is dat deze praktijken binnen de EU niet meer voorkomen.

Een ander nadeel van regiocodes (en misschien wel veel groter) is de hierdoor ontstane barrière voor culturele uitwisseling. Iedereen kent natuurlijk de doorsnee Amerikaanse film, waar een, doorgaans mooie, hoofdpersoon zich door tegenslagen heen vecht en met wie het uiteindelijk goed afloopt. Standaard, standaard, standaard. Toch geven de Amerikaanse films die wij hier zien een incompleet beeld van wat daar gaande is. Er worden wel degelijk goede films gemaakt, maar die producties zijn te klein om in Europa uit te brengen. Vanwege de regiocodes is het voor een klein bedrijf ook niet mogelijk om die dvd's in Amerika te kopen en hierheen te brengen.

Het probleem zit in de bescherming van het intellectuele eigendom. Die is te ver doorgeschoten. Het is natuurlijk een goede zaak dat je een financiële vergoeding ontvangt voor het maken van een film. Ik kan ook nog wel billijken dat je beperkingen oplegt aan de weidsheid van het gebruik. Het is begrijpelijk dat je als verkoper de koper van jouw dvd – die daar zeg €12 voor neertelt – niet het recht geeft om die film voor het hele land zichtbaar op tv te vertonen. Maar het is belachelijk dat je het bekijken koppelt aan een regio of land. Dat gaat de maker van de film gewoon niets aan.

Het beperkt zich niet tot films. Een Brits warenhuis kocht een partij merkspijkerbroeken in de Verenigde Staten. Volledig legaal. Het vervoerde de broeken naar Engeland om ze daar in zijn winkels aan te bieden. Geen vuiltje aan de lucht zou je denken. Het merk was ook al gewoon beschikbaar op de Europese markt. Toch verbood de fabrikant het warenhuis de spijkerbroek te verkopen met als argument dat dit het merkenrecht zou schaden. De 'schending' zat hem in het feit dat de fabrikant vond dat de prijs te laag was.

Dat dit verbod juridisch kracht had is op zijn zachtst gezegd vreemd en op zijn hardst gezegd te gek voor woorden.

De laatste jaren zijn de rechten van consumenten op het gebied van intellectueel eigendom nog verder ingeperkt. Deze rechten zijn ooit bedacht om uitvinders een redelijke beloning te geven voor hun werk en daardoor innovatie te stimuleren. Maar volgens mij hebben ze nu vaak een tegengesteld effect. Te sterke intellectuele eigendomsrechten zijn juist slecht voor innovatie. Bedrijven worden er lui door en zijn meer gericht op de bescherming van rechten op oud werk dan met het creëren van nieuw.

In de VS is de zaak totaal uit de hand gelopen. Daar heeft iemand een patent gekregen op het met een videocamera opnemen van sportende leerlingen om die leerlingen later aan de hand van die beelden te laten zien wat ze kunnen verbeteren. Een gymjuf kan daar tienduizenden dollars boete krijgen als zij haar kinderen met dit doel filmt.

In Europa is het nog niet zover, maar het zou een goede zaak zijn als wij het intellectuele eigendomsrecht eens grondig zouden herzien, zodat het z'n oude doelstellingen weer gaat dienen.

GELD TERUG
juli 2002

Als directeur van de Consumentenbond heb je de eer bijzondere persoonlijkheden te mogen ontmoeten. Puur toevallig sprak ik onlangs binnen een paar dagen drie mensen over hetzelfde onderwerp: de boetes die de kartelpolitie NMa oplegt. Eerst kwam ik de Europese commissaris voor mededingingszaken tegen, de heer Monti. Toen de heer Kist, directeur-generaal van de NMa. En vervolgens de secretaris-generaal van het ministerie van Economische Zaken, de heer Oosterwijk.

Bij allen heb ik hetzelfde idee gelanceerd: geef het geld van al die boetes die opgelegd worden aan bedrijven die consumenten hebben beduveld, terug aan die consumenten. Bedrijven die onwettige kartels vormen, prijsafspraken maken en misbruik maken van hun machtspositie moeten in Europa miljarden euro's aan boetes aan de overheid betalen. Maar daar ziet de consument niets van terug. Dwing die bedrijven maar om tijdelijk de prijs van hun producten en diensten te verlagen. Of, als dat niet kan of te ingewikkeld is, stop het geld in een fonds waar maatschappelijke organisaties projecten voor consumenten uit kunnen betalen.

Ik realiseerde me meteen wat de reactie zou kunnen zijn: die Cohen probeert op slinkse wijze geld voor z'n eigen organisatie binnen te halen. Maar het gaat mij vooral om het principe. Die miljarden euro's staan in geen verhouding tot wat wij ieder jaar te besteden hebben en ik denk bij maatschappelijke organisaties net zo goed aan natuurorganisaties, vakbonden en patiëntenclubs. Maar dat geld moet gewoon terug naar de consument. Die is belazerd. Die heeft nadeel ondervonden. Die moet dus financieel gecompenseerd worden.

Zoals in de benzinemarkt, waar de prijs van een liter benzine kunstmatig hoog wordt gehouden door een stelsel van afspraken die de oliemaatschappijen met hun pomphouders maken.

De drie hoge heren reageerden verschillend. Monti vond het een interessant idee. Maar Kist en Oosterwijk hadden er meer moeite mee. Ik begrijp dat wel. Het is ook een vrij revolutionaire gedachte. Zou het nieuwe kabinet hier iets voor voelen? Dan zouden we in ieder geval iets terugkrijgen voor het jarenlang te veel betalen aan de benzinepomp…

Geen boete, maar de bak in!

De NMa, maar ook de Europese Commissie, waakt tegen illegale kartels. Vooral illegale prijsafspraken zijn uit den boze. Het ligt voor de hand om in een vrije economie, waar bedrijven moeten concurreren, prijsafspraken te verbieden.

De antikartelregels komen niet uit Nederland maar uit Europa. Niet zo vreemd, want Nederland is zelf altijd een kartelland geweest. Het past ook wel een beetje in ons poldermodel om steeds afspraken te maken. Misschien worden er daarom bij ons zoveel kartels ontdekt. Nederland kartelland! De opvallendste zaak was wel de bouwfraude. Het was pijnlijk om te zien dat de schuldige bedrijven zich verdedigden door te zeggen dat prijsafspraken heel gewoon waren. Nog pijnlijker was de gespeelde verontwaardiging van politici, die net deden alsof het voor hen nieuw was.

Na de bouwfraude volgden er meer: Bierkartel, Akzo met plastic, glasfabrieken, schilders, liften, roltrappen enzovoort. De lijst is lang. Er is zelfs een adviesbureau dat bedrijven adviseert hoe ze het kartelspel moeten spelen. In 2008 heeft dit bureau een symbolische boete gekregen. Bekend is ook de boete die Neelie Kroes aan Microsoft heeft opgelegd, al ging dat eigenlijk niet over een kartel. Maar toch een goede zaak. Iedere taxichauffeur weet dat Microsoft de markt op een ongezonde manier domineert.

Het is niet zo vreemd te veronderstellen dat wat wij zien slechts het tipje van de ijsberg is. Zelfs als je de kans op een boete meerekent, is het voor een bedrijf nog erg voordelig om prijsafspraken te maken. Daar komt bij dat het doorgaans jaren duurt voordat een kartel aan het licht komt. Dan zijn de managers in kwestie allang weg. De nieuwe manager presenteert het als een nare erfenis uit het verleden en betaalt de boete.

Daarom is het goed dat bestuurders nu zelf persoonlijk aansprakelijk gesteld kunnen worden en ook persoonlijk beboet kunnen worden. Helaas zijn de boetes zo laag dat ze niet veel bestuurders zullen tegenhouden. In de Verenigde Staten pakken ze het beter aan. Daar gaan mensen de gevangenis in voor kartelpraktijken. En volkomen terecht. Als je een bank berooft, ga je (ook terecht) de gevangenis in, maar als je geld steelt van je klanten, krijg je bij ons een lage boete...

ZOMERPRET
augustus 2002

Zomervakantie heeft zo zijn voordelen. Rustig op de weg, rustig op het werk. Ik heb wat meer tijd voor het gezin. Vorige week met de kinderen naar het pretpark geweest. En pret was het, maar duur ook, zo'n dagje uit. Dat begint al met een versnapering op het station. Vorig jaar maakten we al bezwaar tegen de forse prijsverhogingen bij de kiosken en kregen toen sussend te horen, dat de prijzen dit jaar niet verder zouden worden verhoogd. Een loze belofte, schreven we toen al, en nu blijkt dat we gelijk hadden.

Dan de kassa van het pretpark. Nu verdien ik als directeur van de Consumentenbond niet slecht, maar het is toch even slikken. Met twee volwassenen en twee kinderen ben je snel op weg naar de bodem van je portemonnee. Dan nog een hapje en een drankje bij een van de snackbarretjes in zo'n park. Samengevat: kleine flesjes, forse prijzen. Nog mazzel dat we in dit park onze zelf meegebrachte lunch mochten nuttigen. Dat kan namelijk ook niet overal.

Mag ik u nog een keer lastigvallen met mijn ervaringen uit Australië? Daar is een dagje uit met de familie een heel ander concept. De inkomens *down under* zijn lager dan hier, maar de prijzen gelukkig ook. En er wordt veel meer aan de familie gedacht. Zo kun je er (twee)literflessen frisdrank kopen en kun je voor omgerekend €0,50 je eigen lunch op de barbecue grillen. Bovendien mag je in veel restaurants je eigen wijn meebrengen. Je bent dus veel minder verplicht om etens- en drinkwaar af te nemen in een uitgaansgelegenheid dan hier.

Maar een dagje uit in Nederland hoeft je natuurlijk niet aan de rand van faillissement te brengen. Musea zijn in dat opzicht geweldig. Toegankelijk, niet duur en tegenwoordig steeds vaker met evenementen waar ook de kinderen enthousiast van worden.

Nu ja, als het weer meezit gaan we natuurlijk met een picknickmand lekker naar het strand. De kinderen spetteren in de branding, terwijl wij samen een flesje rosé opentrekken. Ook dikke pret.

Een fijne zomer toegewenst.

Van pretpark naar kledingwinkels

De dagen dat ik mijn kinderen een plezier deed met een dagje pretpark liggen lang achter me. Mijn dochters zijn nu 15 en 17 jaar oud. Geen behoefte meer aan een dagje uit met pappa. Hoewel? De dagjes uit hebben nu een andere, financieel nog afschrikwekkendere, vorm aangenomen. Ik denk nog weleens met weemoed terug aan de kosten van een dagje pretpark met de hele familie. Met dat bedrag houd ik het tegenwoordig nog geen uur uit in de stad met mijn dochters. De cola in de dierentuin is vervangen door een heuse lunch in een restaurant en het zebrapotlood uit de souvenirwinkel heeft plaatsgemaakt voor een nieuwe jas en bijpassende schoenen.

En dan is de schade nog beperkt door het Nibud. Die heeft mij aangeraden om de kinderen kleedgeld te geven. Daar krijgen ze €70 euro per maand voor, en daarnaast €40 zakgeld. Daar moeten ze alles van doen, behalve schoenen en jassen. Dat lijkt veel geld, maar gelooft u mij als ik zeg dat een stumper als ik anders veel meer geld kwijt zou zijn aan puberkleding.

Kleedgeld zie je steeds meer. Daarmee neemt de consumptiekracht van jongeren toe. Daarnaast hebben veel kinderen bijverdiensten. Die kunnen al snel oplopen tot €100 per maand of meer. Ik hoorde laatst van een jongen die per maand €300 uit kon geven. Vrij besteedbaar, want de vaste uitgaven betalen zijn ouders. De kans is klein dat hij straks, als hij op zichzelf woont, net zoveel vrij besteedbaar geld overhoudt. Zo'n jongen komt dan in een armoedeval. En het gaat hier om kinderen. Hoort het niet bij ouderschap om je kinderen te beschermen tegen zo'n armoedeval?

Rond 1948 gingen de zoons van mijn grootmoeder varen op de Holland Amerika Lijn. Zij moesten vrijwel hun gehele salaris naar moeder opsturen. Dat was in die tijd logisch en vaak ook noodzakelijk voor het gezinsinkomen. Waar niemand rekening mee gehouden had, is dat mijn oma uit Drenthe kwam, van een boerderij. Zij was als geen ander in staat om extreem zuinig te leven. Toen haar zoons gingen trouwen, bleek zij al hun geld opgespaard te hebben en werden zij de eersten van de familie met een eigen huis.

Een soortgelijke regeling heb ik met mijn dochters afgesproken. Van al het geld dat zij met werken verdienen, moeten ze de helft afdragen. Uiteindelijk komt het dan – misschien aangegroeid tot een flink bedrag – weer bij hen terug. Maar het gevolg van deze opvoedkundige regel is dat ze het

niet de moeite waard vinden om aan de slag te gaan. In breder perspectief getrokken zie je hieraan dat een hoge belastingdruk alleen kan functioneren als de belastingbetalers erachter staan. Anders kiest men ervoor om maar minder te werken.

Ik zit er niet mee dat mijn dochters geen baantjes zoeken. Ik heb het niet zo op kinderarbeid. Gewoon helpen in het huishouden ja, maar een baantje buitenshuis vind ik nergens voor nodig. Ik heb liever dat ze hun tijd besteden aan schoolwerk en plezier maken. Werken kunnen ze hun hele leven nog. En bovendien zie ik schoolwerk ook als werk, zwaar werk. Zeker als een kind op het VWO of gymnasium zit, zou ik er niet graag mee willen ruilen. Het zijn lange dagen, als je het huiswerk (drie uur per dag) serieus neemt.

In het nieuwe Nederland moeten kinderen door de school sociaal worden gemaakt. Straks wordt vrijwilligerswerk verplicht. Een innerlijke tegenspraak, omdat het kenmerk van vrijwilligerswerk is dat het 'vrijwillig' is. Het is heel stoer om te roepen dat het goed is dat de jeugd eens sociaal werk gaat doen. Maar vaak is die mening op niet meer gebaseerd dan een onderbuikgevoel. Ik heb nog nergens kunnen lezen dat de positieve effecten aangetoond zijn. Bovendien zullen alleen 'brave' kinderen hieraan meedoen. Ik zie de harde supporterskern van FC Den Haag niet zo gauw aan het bed van een bejaarde staan. In ieder geval niet om de bejaarde te wassen of te helpen met eten.

We hebben allemaal vreselijk veel haast om van onze kinderen volwassenen te maken. Waarom die haast? Voor wie is het goed als je een jaartje afsnoept van de kindertijd en toevoegt aan de periode van volwassenheid?

RECHT VAN SPREKEN
september 2002

Politiek en ambtenaren besteden veel tijd en aandacht aan het maken van wetten en regels. Met de naleving van die regels is het slecht gesteld, mede door de extreem lange wachttijden bij rechters. Ruim acht jaar geleden gleed mevrouw Jansen (laat ik haar zo maar noemen) uit over de resten van groente in een supermarkt. Zij kwam daarbij zo lelijk ten val, dat ze daarna niet meer heeft kunnen werken. Kan gebeuren, of had dit voorkomen kunnen worden? De Consumentenbond denkt van wel en wenst hierover een uitspraak van de rechter.

Doel van dit soort zaken is om toekomstige valpartijen zo veel mogelijk uit te sluiten. Als de supermarkt namelijk aansprakelijk wordt gesteld, zal zij voorzorgsmaatregelen gaan treffen om ongelukken te voorkomen. Bovendien hoopt mevrouw Jansen op enige genoegdoening.

Die rechtszaak starten is voor mevrouw Jansen al een hele opgave geweest. Steeds weer wordt ze met de valpartij geconfronteerd. De rechter heeft de supermarkt na zes jaar procederen in het gelijk gesteld; wij hebben daar beroep tegen aangetekend. En we wachten nog steeds op een uitspraak.

Keer op keer wordt de zaak niet behandeld, puur door capaciteitsproblemen bij de rechtbank. Zeer frustrerend voor mevrouw Jansen. Begin augustus hebben we een rechtszaak tegen Casema verloren.

Over de uitspraak wil ik het nu niet hebben, wel over de duur van de rechtsgang. Nadat de in onze ogen misleidende dagbladadvertentie was geplaatst en bleek dat Casema niet van plan was die te rectificeren, hebben we een kort geding aangespannen. Pas na zeven weken volgde de uitspraak. Een hoger beroep hebben we overwogen totdat duidelijk werd dat dat wel een jaar in beslag zou kunnen nemen.

Een rechtszaak starten als individu is in Nederland absoluut onaantrekkelijk. Het kost klauwen vol geld en u weet nooit hoelang het duurt. Zo wachten 242 (nabestaanden van) slachtoffers van de legionellaramp tijdens de Westfriese Flora al ruim twee jaar op een rechterlijke uitspraak over wie aansprakelijk is.

De voorbeelden tonen aan dat u wel recht van spreken heeft, maar dat u het bijna nooit krijgt of veel te laat. Het nieuwe kabinet heeft een toegankelijke geschillenbeslechting beloofd. Wij gaan de overheid aan die belofte houden.

Rechters misbruiken onafhankelijkheid

De kloof tussen recht hebben en recht krijgen is al zo oud als de weg naar Rome. Wellicht zelfs ouder. Een mogelijk onrecht moet eerst juridisch worden omschreven. Het moet onder woorden worden gebracht en vervolgens vastgelegd in wetten. Op dat moment is er aan het onrecht zelf nog niets gedaan, maar dat bediscussiëren en opschrijven van de wetten zijn wel belangrijke stappen.

De wet heeft geen zin als die niet kan worden uitgevoerd. Bij het strafrecht is de uitvoering relatief rechtlijnig. Na een vermeende wetsovertreding gaat de Officier van Justitie met hulp van de politie aan de slag om de boef te pakken en verzamelt bewijs om aan de rechter te presenteren. Het is dan de rechter die, na beide partijen gehoord te hebben, een uitspraak doet. Sommige zaken komen echter nooit bij de rechter aan. De Officier van Justitie kan zaken seponeren als die te klein zijn of als er onvoldoende bewijs is.

In het consumentenrecht gaat het anders. Daar is meestal sprake van twee partijen, een consument en een leverancier, die middels een overeenkomst aan elkaar gebonden zijn. Problemen kunnen ontstaan door niet te leveren, ondeugdelijke producten te verkopen, valse verkooppraatjes te houden enzovoort. Als de leverancier zijn verplichtingen niet nakomt, is het aan de consument om juridische actie te ondernemen. En daar is die consument natuurlijk helemaal niet voor toegerust. Bij kleine zaken mag je zonder een advocaat naar de rechter. Je moet dan zelf wel erg veel kennis van zaken hebben. Als je dat niet hebt, of de zaak is te groot, moet je naar een advocaat. Die advocaat gaat dan weer naar de rechter, die dan een uitspraak doet. Zo'n proces kan wel een jaar duren en is vreselijk duur. En dan hebben we het nog niet over hoger beroep.

Al sinds de oprichting in 1953 probeert de Consumentenbond de rechtspositie van consumenten te verbeteren. Zo kunnen de meeste consumenten naar een geschillencommissie stappen, waar je zonder advocaat verhaal kunt halen. Veel bedrijven onderwerpen zich vrijwillig aan deze manier van geschillenbeslechting. De bekendste geschillencommissie is die voor conflicten over reizen. Dat levert sappige en aansprekende verhalen op over hoe vakanties in het water vallen en hoe er dan toch nog een beetje genoegdoening komt. Grotere zaken zijn minder geschikt voor geschillencommissies en blijven een zaak voor de rechter.

Rechtszaken duren lang, vaak heel lang. Als de rechterlijke macht een bedrijf was geweest, zou het allang failliet zijn gegaan. De rechterlijke macht boet steeds meer aan autoriteit in. Fouten worden toegedekt met stilzwijgen en met een beroep op de onafhankelijkheid. Rechters misbruiken die onafhankelijkheid om klant- en publieksonvriendelijk te zijn. Terwijl de onafhankelijkheid van rechters op de inhoud van hun werk hoort te slaan, niet op de vrijheid van een slechte organisatie. In 2002 klaagde ik over de twee jaar die de legionellaslachtoffers al hebben moeten wachten. Nu is het tien jaar later en zijn ze nog steeds verwikkeld in procedures.

Ik heb eens meer dan een jaar moeten wachten op een uitspraak in hoger beroep in kort geding. 'Kort geding' betekent dat het om een 'versnelde' procedure gaat, waarbij de rechter een uitspraak op een bepaalde datum belooft. Precies op die datum kwam een nieuw bericht dat de uitspraak drie maanden later zou komen. Voor gedupeerden is dit slecht te verteren. Dit heeft niets met onafhankelijkheid te maken, maar met een amateuristische, arrogante organisatie. Ten eerste zouden de rechters sneller een uitspraak moeten doen. Waarom niet na twee weken? Ten tweede hadden zij hun belofte om op een bepaalde datum uitspraak te doen, na moeten komen. En ten derde hadden zij, als het allemaal niet zou gaan lukken, ruimschoots voor het verstrijken van de datum, een bericht moeten sturen aan de partijen.

Het tegenargument dat er een tekort aan middelen is, is mijns inziens pas geldig als de organisatie als een geoliede machine werkt. Meer geld aan een slechte organisatie geven is bedrijfskundig niet verstandig. Een ander argument, de kwaliteit van wetgeving, vind ik beter. Door slechte wetgeving, met veel uitzonderingen en de mogelijkheid van verschillende interpretaties, stijgt het aantal rechtszaken. Politici zouden zich moeten realiseren dat complexe wetten leiden tot complexe rechtszaken.

WEG MET DE LANDBOUWSUBSIDIES
november 2002

Nu steeds meer voor consumenten belangrijke beslissingen in Europa worden genomen, stap ik regelmatig in de trein naar Brussel. Ik praat daar met vertegenwoordigers van de Europese departementen voor consumentenzaken en landbouw en natuurlijk met onze collega's van consumentenorganisaties uit andere landen.

Vooral het Europese landbouwbeleid is vaak onderwerp van gesprek. De landbouwsubsidies zijn mij een doorn in het oog. Ooit bedacht om voldoende voedselproductie in Europa te kunnen garanderen, schieten deze subsidies inmiddels volledig hun doel voorbij.

Met ons belastinggeld wordt overproductie (koeien, zuivel enzovoort) opgekocht en vernietigd of gedumpt in de Derde Wereld, om te voorkomen dat de prijzen te veel zakken. Het subsidiesysteem legt een zware druk op ons milieu, de voedselveiligheid, dierenwelzijn en de landen in de Derde Wereld.

Dit najaar beslist de Europese Unie over de toetreding van tien nieuwe landen uit Oost-Europa. Als er niets verandert aan het Europese landbouwbeleid, gaan we in een grotere EU nog veel meer meebetalen aan de landbouwsubsidies. Het ministerie van Financiën heeft berekend dat Nederland €2,7 miljard per jaar extra moet betalen vanaf 2013. Dat betekent €13 boven op de €25 die we nu al per week per gezin van vier personen betalen.

De Europese Commissie heeft deze rekensom niet eens gemaakt, zo bleek toen ik ernaar vroeg. Ook konden ze mij niet vertellen wat de effecten zijn voor consumenten in de nieuwe EU-landen. Het lijkt mij essentieel om deze effecten in kaart te brengen voordat er een beslissing genomen kan worden over de toetreding van nieuwe landen. Het verontrust mij dan ook zeer dat dit, zo kort voor de beslissing, nog niet is gebeurd.

Toetreding van nieuwe landen tot de EU mag niet gebeuren zolang het achterhaalde landbouwbeleid niet wordt aangepast. Er is sowieso geen plaats voor beleid dat haar doel voorbijschiet. Let wel, ik ben geen tegenstander van uitbreiding van de EU. Maar pure productsubsidies dienen consumenten niet. Schaf deze landbouwsubsidies af en laat nationale overheden het geld dat ze dan niet meer af hoeven te dragen aan de EU, naar eigen inzicht besteden ten gunste van de burger.

Ik ben nieuwsgierig wat u hiervan vindt. Laat het mij weten.

Subsidieverslaving

Nog steeds slokken de landbouwsubsidies de helft van de Europese begroting op. Sinds de jaren 90 van de vorige eeuw zijn ze wel iets verminderd, maar er gaat toch nog veel te veel geld naar deze sector.

Als het niet zo triest was, zou het amusant zijn om te horen wat de nieuwe argumenten zijn om de subsidies te behouden. Zo bepaalt de overheid hoeveel boeren mogen produceren om derdewereldlanden een eerlijker kans te geven op onze markten te concurreren. Ze zeggen er niet bij dat het staken van de landbouwsubsidies de derdewereldlanden pas echt de mogelijkheid van concurrentie geeft. De overheid hoeft dus helemaal niets te bepalen.

Ze durven zelfs te beweren dat de subsidie ook gegeven wordt om de voedselveiligheid te verbeteren. Onzin, want veiligheid is een verantwoordelijkheid van de producent. Philips vraagt toch ook geen subsidie om veilige tv's te kunnen maken? Het welzijn van dieren wordt met subsidies beloond. Dat is de wereld op zijn kop. Overheden moeten met regels en handhaving ervoor zorgen dat dieren niet nodeloos worden gekweld. Dat is een kwestie van beschaving. De kosten van diervriendelijkheid zien we dan terug in de prijs.

Niet alleen de boeren zijn verslaafd aan landbouwsubsidies, maar ook de ambtenaren die erover gaan. Rijd eens langs het enorme gebouw van het ministerie van Landbouw aan de Bezuidenhoutseweg in Den Haag. Zonder landbouwsubsidies is het leeuwendeel van deze ambtenaren niet meer nodig. Geen wonder dat zij voor de continuïteit van de subsidies zijn. En dan de ministers van Landbouw (tegenwoordig LNV). Die zijn bijna altijd van boerenkomaf. Ze zijn grootgebracht aan het subsidie-infuus.

Ik heb er twee keer bij gezeten toen de onderhandelingen over een nieuw wereldwijd handelsverdrag in feite stukliepen op de landbouwsubsidies. Dat stuklopen heeft zowel de derde wereld als onze niet-landbouwbedrijven geschaad. Het nieuwe verdrag moest het mogelijk maken om diensten gemakkelijker aan landen zoals Brazilië, India en China te verkopen. Wij moesten deze landen dan wel een gelijke kans geven op onze voedingsmarkten. Een enorme kans voor onze dienstensector werd opgeofferd om de boerensubsidies te handhaven.

Slechts 3% van onze bevolking werkt in de landbouw. Waarom zijn de boeren dan zo sterk in hun lobby? Dat komt omdat zij grote voertuigen hebben en bereid zijn tot actie. Vijftien tractoren zijn voldoende om ons hele land stil te leggen. Honderdduizend verpleegsters en verplegers op het Malieveld maken niet veel indruk. Maar als de wegen geblokkeerd zijn of een minister 100 kg poep op zijn stoep gestort krijgt, komen de concessies. Het recht van de sterkste. Onze Europese consumentenkoepel heeft eens in Brussel een antilandbouwsubsidiebusje rond laten rijden. Dat busje is overvallen door tientallen woedende boeren en omgeduwd. De bestuurder is weggerend. De politie wilde niet ingrijpen.

Stopzetten van landbouwsubsidies kan wel sociale consequenties hebben voor boerenfamilies. Daarom is een tijdelijke sociale ondersteuning, die in bijvoorbeeld vijf jaar wordt afgebouwd, redelijk. Deze ondersteuning kan worden uitgevoerd door de nationale overheden, niet door Europa. Ieder land kan dan zijn eigen regeling treffen die het best bij dat land past. Voorwaarde is dan wel dat het binnen vijf jaar gedaan is met die subsidies.

Momenteel wordt er opnieuw gekeken naar het landbouwsubsidie-systeem. In 2013 is er weer een moment van bezinning. Door de enorme schuldenlast die in Europa is opgebouwd, is er een kans dat de regels eindelijk worden bijgesteld. Al denk ik dat de bestuurder van het antilandbouwsubsidiebusje hier anders over denkt. Die krijgen we niet meer achter het stuur.

GROTE VERPAKKINGEN, VEEL LUCHT
januari 2003

Afgelopen weekend was ik met mijn twee dochtertjes in een speelgoedwinkeltje in de Stevinstraat in Scheveningen. In deze winkel vind je geen grote verpakkingen met veel lucht, maar kleine speeltjes, veel van hout en van goede kwaliteit. Mijn kinderen zijn dol op de winkel, ze kunnen er uren rondneuzen.

Ik vroeg aan de eigenaresse of ze het speelgoed zelf inkoopt en of ze weet waar het allemaal vandaan komt. Enthousiast vertelde ze mij dat ze de fabrieken waar haar speelgoed vandaan komt allemaal kent en er één zelf heeft bezocht en dat het er daar goed uitzag. De vrouwen die er werken hebben veel werkruimte en ze maken de hele beer in plaats van een klein onderdeeltje van de beer. Het geeft haar een goed gevoel dat te weten en haar klanten voelen het ook, daarvan is ze overtuigd.

Later in de week ging ik, op mijn zoektocht naar leuke kerstcadeautjes, ook even binnen bij een filiaal van een grote speelgoedketen. Zo'n winkel vol grote blinkende dozen met schreeuwende teksten erop. Ik bekeek zo'n doos nader en zag *made in China* staan. Ik besloot de bedrijfsleider eens te vragen of hij me wat kon vertellen over de fabrieken waarin deze producten zijn gemaakt. Je wilt toch niet dat het speelgoed waarmee je kinderen spelen aan de andere kant van de wereld in elkaar is gezet door kindslaven! Helaas kon de bedrijfsleider me niets vertellen. Hij reageerde verbaasd en begreep duidelijk niet waarover ik me druk maakte. Informatie geven over de totstandkoming van zijn producten stond klaarblijkelijk niet in zijn functieomschrijving.

Wilt u tijdens het uitpakken een leuk fotomoment, dan moet u uw kind beslist zo'n grote blinkende doos geven. De blijdschap op het kindergezichtje zal enorm zijn. Maar mijn ervaring is dat het plezier van het uitpakken het plezier van het ermee spelen ver overtreft. Vaak is er met de inhoud van zo'n grote doos maar één trucje mogelijk, dat precies op de doos staat omschreven. Het kind is er al snel op uitgekeken.

Of speelgoed duur is, meet je immers af aan hoelang je kind er plezier aan beleeft. En mijn eigen plezier is bovendien veel groter als ik mijn kinderen cadeautjes kan geven,waarvan ik weet dat ze onder fatsoenlijke werkomstandigheden zijn gemaakt.

De devaluatie van de milieudiscussie

Het winkeltje in de Stevinstraat bestaat nog steeds. Maar mijn dochtertjes zijn nu pubers en ik kom er niet meer. Veel van het speelgoed dat wij daar gekocht hebben, is naar neefjes en nichtjes gegaan. Sommige, heel dierbare, popjes staan nog in hun puberkamers.

De duurzaamheid van toen is niet meer de duurzaamheid van nu. Nu is het allemaal CO_2 wat de klok slaat. Je zou kunnen denken dat plastic dat niet vergaat maar wel CO_2 bindt, nu goed is voor het milieu. Maar dat kun je natuurlijk niet hardop zeggen. Dat geldt ook voor de milieuschade die huisdieren veroorzaken. En de ban op kernenergie. Of het krijgen van een nieuwe baby.

De milieudiscussie is doorspekt met leugens en bedrog. Groepen gebruiken het milieu, en nu ook CO_2, als een nieuw wapen om hun oude denkbeelden door te drammen. Gewone mensen moeten er maar op vertrouwen dat hun helden, hun voormannen en -vrouwen, de waarheid spreken. Als dan blijkt dat zij gelogen of overdreven hebben, zijn er weer andere groepen die de duurzaamheidsproblematiek ontkennen of te negeren.

'Het doel heiligt de middelen,' wordt er dan, door zowel voor- als tegenstanders, gezegd. En dan verbaasd zijn dat burgers geen vertrouwen meer hebben in hun leiders. Onwaarheden en overdrijvingen worden doorgeprikt. De afzenders, de politici, worden niet meer geloofd, evenmin als hun boodschappen. Ruim baan voor de onderbuikpolitici!

Deze vergissing zou weleens fataal kunnen zijn. Als je één persoon in een tweekamerappartement laat wonen zonder regels over opruimen, is de kans groot dat het er netjes blijft. Wordt het toch rommelig, dan heeft niemand er last van. Maar als hij gaat samenwonen, moeten er regels komen. Als er zes mensen in datzelfde appartement komen te wonen, moeten de regels zelfs strak worden georganiseerd om het leefbaar te houden. Zonder organisatie wordt de afwas niet meer gedaan en de vuilnisbak niet op tijd geleegd.

Je hoeft geen deskundige te zijn om te voorspellen dat iets dergelijks ook voor een dorp, stad, land en zelfs voor de gehele aarde geldt. Met 6 miljard mensen op deze aarde, die steeds luxer gaan leven, is het echt nodig om het opruimen van onze rommel te organiseren. Het feit dat onze voormannen jokken en overdrijven om dit duidelijk te maken, doet hieraan niets af.

SPONSORING IN HET ZIEKENFONDS!
februari 2003

Een groot voetbalfan ben ik niet,maar toen ik laatst toch eens naar Studio Sport keek, zag ik daar de voetballers van FC Twente over het veld rennen gehuld in shirtjes van ziekenfondsverzekeraar Amicon. Alle verzekeraars hebben de ziekenfondspremies fors verhoogd dit jaar. Verzekerden van Amicon moeten zelfs twee keer zoveel ziekenfondspremie betalen als in 2002. De redenen zijn, volgens de overheid en de verzekeraars, de stijgende kosten van medicijnen en de toename van het aantal opnamen en behandelingen. Maar verzekerden betalen blijkbaar ook mee aan het sponsoren van voetbalclubs.

Ik heb eens nagevraagd hoe dit precies zit. Het CTZ, de organisatie die moet toezien op het rechtmatig en verantwoord gebruik van ziekenfondsgelden, is tegen. Maar het blijkt dat de rechter Amicon toestemming heeft gegeven om ziekenfondsgelden te gebruiken voor sponsoractiviteiten. Uit de collectieve ziekenfondspot mogen dus commerciële activiteiten van verzekeraars betaald worden.

Ik geloofde mijn oren niet. Mensen die dit jaar al te maken krijgen met een aanzienlijke afname van hun koopkracht vanwege hogere pensioenpremies, minder bedrijfsspaarvoordeel, matige loonstijging en ook aanzienlijk hogere ziektekostenpremies, betalen dus mee aan shirtreclame!

Nu is het zo dat ziekenfondsen met elkaar mogen concurreren. De vraag is echter hoe je dat het best kunt doen. Volgens mij is dat door je service te verbeteren en je dienstenpakket te vergroten. En uiteraard is het belangrijk dat je aan consumenten vertelt wat je te bieden hebt. Reclame-uitingen moeten dus informatie bevatten over je product en je dienstverlening. Sponsoring van een voetbalclub voldoet hier niet aan.

Sponsoring heeft te maken met imago en het opkrikken van dat imago. Het vertelt de consument niets over de kwaliteit van de dienstverlening. En zegt alles over je commerciële oogmerk. Maar daar is publiek geld toch niet voor?

Wat vindt u? Mag sponsoring in het ziekenfonds? Laat het me weten.

Meer status over de rug van de klant

Ik heb een gruwelijke hekel aan sponsoring door bedrijven. Daarom heb ik ook geen zin om een verhaaltje te schrijven over de uitzonderingen, waar sponsoring goed wordt ingezet.

Bedrijfseconomisch is het excuus dat er reclame gemaakt wordt voor de sponsor. Een beetje laffe manier van reclame maken. Een bedrijf doet net alsof het een mens is met een goed hart. Het sponsort dan iets waardoor het publiek beter over dat bedrijf gaat denken. 'Laten we maar bij de Rabobank gaan, want die heeft het beste voor met FC Sukkels, onze lokale voetbalclub.' Mensen realiseren zich niet dat zonder sponsoring de tarieven omlaag kunnen en ze zelf kunnen bepalen welk goed doel ze steunen. Of dat de sponsorgelden ook besteed hadden kunnen worden aan echte reclame; het overdragen van kennis over de producten en diensten.

Een andere reden voor sponsoring – die bedrijven natuurlijk niet hardop durven uitspreken – is het persoonlijke voordeel dat de directie erbij heeft. Niet in geld, maar in status en extra aanzien, dat een directeur denkt te krijgen door het plaatsnemen in een skybox in een voetbalstadion. De grote mijnheer uithangen.

Waarom is sponsoring fout? Allereerst sponsoring door monopolies of andere bedrijven met een machtspositie. Vaak zijn zij op de een of andere manier gereguleerd, zodat de overwinsten niet extreem hoog kunnen worden. Bij dergelijke bedrijven is het voor de klant moeilijk of zelfs onmogelijk om naar een concurrent over te stappen. De klant móet wel bij dat bedrijf kopen. Op zich al een schaamteloze vertoning. Maar het wordt nog erger als de directie via sponsoring zijn eigen hobby's kan financieren en die binnen het bedrijf als kosten kan opvoeren. De (gereguleerde) winst wordt dan lager en de prijs daarom hoger. Niemand die er wat aan kan doen.

Er zijn ook monopolisten die niet gereguleerd zijn. Zij zijn te groot geworden om nog effectief aan te pakken. Het mooiste voorbeeld is Microsoft. Dat heeft met monopoliewinsten miljarden opgehaald. De oprichter, Bill Gates, is in korte tijd de rijkste man van de wereld geworden. Nadat hij alles al had gekocht wat hij ooit wilde hebben, bleef er nog wat geld over. Wat doe je dan als je alles al hebt en gezien wordt als een zakentovenaar en ziener? Juist, dan wil je de geschiedenis ingaan als een goed mens. Gates heeft al

30 miljard dollar aan goede doelen gegeven. Dat is 55% van zijn vermogen. En er komt vast nog meer. Geld heeft geen waarde meer als je er zoveel van hebt. Voor de klanten van Microsoft geldt dat niet.

Het is op zich natuurlijk goed dat de monopoliewinsten van Microsoft goed terechtkomen, maar waarom mogen we als klant niet zelf bepalen waar ons geld naartoe gaat? Dat zou kunnen als we gewoon een lagere prijs betalen. De prijs die het product zou hebben als er gezonde concurrentie zou zijn.

Ook voor bedrijven uit de marktsector is sponsoring niet goed. Kijk hoe Dirk Scheringa zijn bank heeft geplunderd door geld aan een museum en aan een voetbalclub te geven. Hij zal best een gevoel hebben gehad bij die doelen, maar let eens op wat voor status erbij hoorde. Als een held werd hij bij AZ op de schouders gedragen en het museum kreeg zijn naam. De DSB-klanten betalen de rekening.

Een andere reden om tegen sponsoring door bedrijven te zijn, is dat de zogenaamde goede doelen te poenerig worden. Mede door sponsoring vloeit er veel geld naar voetbalclubs. Naar alle voetbalclubs. Doordat ze zoveel geld hebben, kunnen ze erg veel geld aan hun topspelers betalen. Als alle voetbalclubs nu eens minder geld zouden krijgen. Dan zouden de personeelskosten veel lager worden en het spel zou er echt niet onder lijden.

Vind ik dat bedrijven nu moeten stoppen met sponsoring en dat goede doelen geen sponsoring moeten aannemen? Neen. Elk bedrijf moet handelen in het bedrijfsbelang. Maar de aandeelhouders zouden extra toezicht moeten houden om te voorkomen dat de directie zijn eigen status uit de bedijfskas financiert. De goede doelen valt niets te verwijten. Zij moeten alle wettige mogelijkheden aangrijpen ten faveure van het doel waarvoor zij werken. Ik denk wel dat consumenten alerter moeten zijn. Zij zouden zich moeten realiseren dat sponsorgelden uit hun zak betaald worden.

PIRATEN!
maart 2003

De opvolger van de cd komt er aan. De super-audio-cd, afgekort: sacd. En ik moet zeggen, ik ben best onder de indruk. Bij een demonstratie door Correct in Rotterdam heb ik als muziekliefhebber mogen ervaren wat het verschil is tussen twee geluidskanalen, zoals we die nu kennen bij stereo, en vijf geluidskanalen,wat in de nabije toekomst gewoon lijkt te worden. Geweldig!

Dat betekent wel dat we weer diep in de buidel moeten tasten. Nieuwe cd-speler, nieuwe versterker, nieuwe boxen en nieuwe cd's. Misschien dat mensen weer massaal overstappen, zoals dat in de jaren 80 gebeurd is toen we overgingen van lp naar cd. Ik heb toen ook al mijn favoriete lp's op cd gekocht. Maar het is eigenlijk te gek voor woorden dat je dan weer de volledige mep moet betalen. Want voor de auteursrechten heb je toch al betaald?

Bij het kopen van een cd betaal je voor het recht om muziek te draaien. Dat is het verhaal van de muziekindustrie zelf bij zijn strijd tegen illegale verspreiding van muziek via internet en via gekopieerde cd's. Ik heb daarom een plan bedacht. We zijn de afgelopen tijd flink gepakt door de muziekbranche, met zijn absurd hoge prijzen en kopieerbeveiligingen, waar ook de eerlijke consument last van heeft. En dat terwijl ze de mogelijkheden van goedkope distributie via internet hebben laten liggen. Zij zijn de echte muziekpiraten! Als ze nou eens hun goede wil tonen en het volgende voorstel doen aan hun klanten: iedereen mag tegen kostprijs zijn cd inruilen voor eenzelfde super-cd. Voor het mogen luisteren heb je immers de eerste keer al betaald. Je betaalt de tweede keer alleen voor de productiekosten, een paar euro. Zo zou de muziekindustrie eindelijk eens een positief gebaar maken naar de consument

Wat vindt u van mijn idee? Mail het me!

Misdadigers in de dop

Het woord 'piraten' roept verschillende emoties bij ons op. Het eerste waar ik aan denk, zijn de *Pirates of the Caribbean*. U weet wel, met captain Jack Sparrow. Een sympathieke, aantrekkelijke avonturier van het witte doek. Daarnaast zijn er de rauwe echte piraten voor de Somalische kust, die moorden en stelen. Ergens daar tussenin zijn de mensen die illegaal films, muziek en software downloaden en kopiëren. Ze worden aan de ene kant gezien als helden, die de domme, grote en conservatieve muziekindustrie een lesje leerden (zoals Robin Hood dat indertijd deed door geld van de rijken aan de armen te geven); anderzijds snappen we wel dat als niemand meer voor muziek betaalt, er geen muziek meer gemaakt kan worden.

Wat is nu de waarheid? Of scherper geformuleerd: worden er minder cd's verkocht doordat mensen downloaden? De mensen uit de muziekindustrie zeggen van wel. Zij verdraaien de waarheid door te roepen dat elke *download* anders gekocht zou zijn. Ze berekenen de schade eenvoudig door het aantal gedownloade nummers te vermenigvuldigen met de gemiddelde kosten van een legaal verkregen nummer (ongeveer €1). Voorstanders van downloaden zeggen dat het downloaden als reclame kan worden gezien. Zo worden artiesten populair en toegankelijk. En dezelfde jongeren die illegaal downloaden kopen toch ook cd's en gaan naar concerten.

Die argumentatie wordt ondersteund door de Amerikaanse wetenschappers Oberholzer en Strumpf. In 2007 concludeerden zij in het *Journal of Political Economy* op basis van hun onderzoek in Amerika en Duitsland dat illegaal downloaden geen merkbaar effect heeft op cd-verkopen.

De muziekindustrie zit ondertussen niet stil. Zij heeft de Stichting Brein opgericht om als boeman op te treden. Die stichting laat geen middel onbenut. Ze doet mij denken aan de politieman die in de Pirates of the Caribbean heel slechte dingen doet om de piraten te straffen. Zo maakt de stichting ons wijs dat het gratis downloaden van muziek strafbaar is. Nationale overheden maken daarom wetten waarin het downloaden van muziek – net als overvallen en moorden – een misdrijf wordt. Als je gepakt wordt, krijg je een strafblad en wordt je internetverbinding afgesloten. Het Franse parlement heeft de maatregel al aangenomen. Gelukkig steekt Europa hier een stokje voor.

Maar we zijn nog lang niet veilig. In Los Angeles is laatst een vrouw ver-
oordeeld tot $200.000 boete voor het illegaal downloaden van 24 liedjes. Ook
in Nederland lopen wij het risico dat door een pennenstreek van het kabinet
en de Tweede Kamer onze kinderen ineens tot misdadigers gebrandmerkt
worden. Omdat de industrie het lastig vindt om alle illegale downloads te
bewijzen, zullen er, net zoals in Amerika, extreem hoge schadevergoedingen
worden geëist. De combinatie van een lage pakkans en hoge boetes leidt dan
tot willekeur. Niet alleen piraten kunnen zich dan niet meer veilig voelen.
Geen prettig vooruitzicht.

MODERN LEED
mei 2003

In 50 jaar Consumentenbond zijn veel producten veilig geworden. Ook is er in tal van markten veel keuze. En consumenten besteden steeds meer geld aan diensten, zoals mobiele telefonie, reizen, informatie en financiële diensten. Uit een recent publieksonderzoek van ons blijkt dat veel consumenten vinden dat juist de dienstverlening flink achteruit is gegaan. Dit geldt voor zowel de service als de klachtenafhandeling. De klant lijkt geen koning meer.

In mijn ogen zijn hier drie oorzaken voor. Ten eerste leven we in een zogeheten massa-economie. We willen als consumenten veel aanbod en het liefst ook goedkoop van diensten gebruik kunnen maken. Een goed voorbeeld is een telefooncomputer die je te woord staat als je belt met een vraag of een klacht. Dat leidt bij velen, ook bij mij, tot irritatie, omdat we veel liever door een 'echt' mens worden geholpen. Ook de Consumentenbond maakt zich hieraan schuldig. Het lidmaatschap van de bond zou vele euro's duurder zijn zonder telefooncomputers. Of de wachtrij aan de telefoon een stuk langer.

Op de tweede plaats behandelen sommige leveranciers consumenten bewust niet meer als koning. Althans, zij hebben er geen belang bij. Omdat ze monopolist zijn en wij dus diensten van dat ene bedrijf moeten afnemen, zoals bij kabel- en energiebedrijven het geval is. Of omdat ze weten dat er niet tegen ze wordt opgetreden, aangezien op de geschillenbeslechting in Nederland nog heel wat valt af te dingen.

Als laatste oorzaak zie ik de ontwikkeling van nieuwe producten en diensten. Denk hierbij aan kopen via internet, dvd's en kaartautomaten op stations. Deze ontwikkelingen zijn vaak ook gunstig voor de consument. Maar consumenten die niet aan die ontwikkeling willen of kunnen meedoen, dreigen tussen wal en schip te vallen.

De Consumentenbond blijft opkomen voor uw belangen. Door enerzijds informatie te geven over die snelle ontwikkelingen en anderzijds voor uw recht te strijden, bijvoorbeeld met onze nieuwe campagne Van recht hebben naar recht krijgen. U kunt ons daarbij helpen, door uw ervaringen en suggesties aan mij te mailen.

Ik lees ze graag op felixcohen@consumentenbond.nl.

Geen macht, wel invloed

'Heeft de Consumentenbond macht?' wordt mij dikwijls gevraagd. Het antwoord is dat de Consumentenbond geen macht heeft, wel invloed. Macht betekent dat je zelf zaken kunt beslissen. Invloed betekent dat je beslissers kunt stimuleren of dwingen een bepaalde beslissing te nemen.

De invloed die de Consumentenbond heeft, is afhankelijk van een aantal factoren. Is het redelijk wat de Consumentenbond wil? Staat de publieke opinie erachter? Was de machthebber het toch al van plan? En is de timing goed? In de tachtiger jaren had de Consumentenbond vooral invloed op het ministerie van Economische zaken. Dit ministerie heeft de taak om het consumentenbeleid te coördineren. Hier is nooit veel van terechtgekomen. Daarom heeft de bond haar werkterrein uitgebreid naar andere ministeries, zoals Volksgezondheid, Landbouw, Financiën en Milieu.

Of dit lukte, was sterk afhankelijk van de betreffende minister. Zo heeft Zalm de deur van het ministerie van Financiën in 2000 opengezet voor de Consumentenbond. Voor die tijd kwamen er alleen bankiers en verzekeraars over de vloer. En de persoonlijke inzet van minister Brinkhorst van Landbouw heeft ervoor gezorgd dat wij aan tafel mee konden praten over genetische modificatie en koeienziekte. Ik herinner mij dat ik tijdens een Sinterklaasfeestje door hem werd gebeld over het ruimen van koeien. Hij wilde de volgende dag een standpunt innemen binnen Europa en was benieuwd naar mijn mening.

De invloed van consumentenorganisaties is nog groter bij bedrijven. Daar wordt eerst geklaagd over onze acties en later doen ze vaak gewoon wat wij vragen. Autogordels zijn er niet gekomen omdat er toen een wet was of omdat de auto industrie levens wilde sparen, maar omdat consumentenorganisaties botsproeven gingen doen.

Onderzoek leidde vaker tot actie van bedrijven. Zo werd ik destijds gebeld door een boze mijnheer Scheepbouwer, toen nog directeur van PTT Post, over onze onderzoeksconclusie dat consumentenpost dagen te laat aankwam. Dat klopte niet met zijn cijfers. Toen ik hem wees op het feit dat zijn onderzoeken over alle post gaan en ons onderzoek alleen over met de hand geschreven adressen die niet altijd even goed door machines werden gelezen, ondernam hij actie om dit te verbeteren. Een sportieve en correcte reactie.

Veel machthebbers leven in het buitenland. Als vertegenwoordiger van een belangrijke consumentenorganisatie ben ik vier jaar vice-president van *Consumers International* geweest. Daar gaat het over invloed op de VN en de Wereldhandelsorganisatie. Maar ook op belangrijke landen. Zo mocht ik in 2000 in het Witte Huis bij president Clinton lobbyen voor de bijstelling van het patentrecht (wat toen ook is gebeurd).

Nederland is gidsland, dat geldt ook voor de Nederlandse consumentenbeweging. De Chinese overheid heeft mij een aantal keren uitgenodigd om over de Consumentenbond te spreken. Ze was indertijd bezig om zelf consumentenbescherming te organiseren.

Invloed hebben is soms ook frustrerend. Als je waarschuwt en gelijk hebt en de politiek niet luistert. En als het dan mis gaat, zoals met de woekerpolissen waar wij in 1980 al over gepubliceerd hebben, wast iedereen zijn handen in onschuld. De verzekeraars en twee verantwoordelijke staatssecretarissen verwezen onze publicatie indertijd naar de prullenbak. Jammer, maar dat is nu precies het verschil tussen macht en invloed.

MACHTSMISBRUIK
juli 2003

Onlangs werd bekend dat het grote mediabedrijf AOL Time Warner zijn jarenlange strijd tegen Microsoft heeft opgegeven. Softwaregigant Microsoft had met zijn internetprogramma Explorer het vergelijkbare Netscape van AOL uit de markt gedrukt. Daarbij heeft het bedrijf misbruik gemaakt van zijn machtspositie, aldus een Amerikaanse rechter. Maar in een vervolgzaak is nu een schikking getroffen.

Microsoft heeft die positie opgebouwd door het feitelijk monopolie op z'n besturingssysteem voor personal computers: eerst MS DOS, later Windows. En eigenlijk is het bedrijf ook alleenheerser met veel andere software, zoals het tekstverwerkingsprogramma Word.

Op het eerste gezicht lijkt dit misschien goed voor consumenten: alles in één, zonder problemen. Bij nader inzien is het echter helemaal niet zo gunstig. Door anderen buiten de markt te houden, lopen wij allerlei nieuwe ideeën mis. En Windows XP is wel héél erg duur.

Ik had gehoopt dat AOL Time Warner het machtsmisbruik van Microsoft kon aanpakken. Maar Microsoft heeft AOL 750 miljoen dollar gegeven en de twee reuzen gaan nu samenwerken. Dit belooft niet veel goeds voor de concurrentie. En daarmee lijken de mogelijkheden uitgeput om het monopolie van Microsoft te doorbreken.

De Amerikaanse regering heeft in de rechtszaken ook een schikking getroffen die niets oplost. En consumentenorganisaties zijn op wereldschaal veel te klein tegenover die reus van een Microsoft met z'n haast onbeperkte financiële mogelijkheden. De Europese Commissie heeft weliswaar ook een onderzoek ingesteld, maar het is nog onduidelijk wat we daarvan mogen verwachten.

Wat nu? De échte oplossing is dat Microsoft gesplitst wordt in een bedrijf dat het besturingssysteem verkoopt en een bedrijf dat toepassingen zoals tekstverwerking aanbiedt. Maar ik denk dat het onmogelijk is om dat voor elkaar te krijgen. Misschien helpt het als overheden voor hun eigen automatisering voor het alternatieve besturingssysteem Linux gaan kiezen of voor de computers van het concurrerende merk Apple. Duitsland lijkt hierin het goede voorbeeld te geven.

Heeft u nog suggesties? Mail het mij!

Microsoft: 'resistance is futile'

De regering Clinton heeft geprobeerd om Microsoft aan te pakken voor il-legaal monopolistisch gedrag. Door zijn internetbrowser te koppelen aan het besturingssysteem (Windows) maakt Microsoft het concurrenten immers onmogelijk om nog een eigen browser op de markt te zetten. Microsoft trok alles uit de kast. Het huurde de duurste advocaten in, die elke mogelijkheid aangrepen om de zaak te vertragen. Elke futiliteit werd uitvergroot. Na een uitspraak kwam altijd een hoger beroep.

Zoals in Amerika gebruikelijk is, kwam er uiteindelijk een schikking. Die schikking veranderde niets aan de machtsverdeling in browserland. In 2007 had Microsoft 85% van de wereldbrowsermarkt in handen. Criticas-ters beweerden dat die schikking het ook in de toekomst mogelijk maakt om misbruik van macht te maken. Er werd gegrapt dat alleen zelfmoord een einde aan Microsoft kon maken. Die zelfmoord kwam, in de vorm van 'Vista', maar mislukte.

Vista is een typisch product van een monopolist die alle touwtjes in handen heeft. De innovaties in Vista zijn beroerd. Het ondersteunt minder randap-paraten dan zijn voorganger en vertraagt de pc. Vista was niets anders dan een middel om nog meer geld uit de zakken van gebruikers te kloppen. De methode die Microsoft hanteerde na de introductie van Vista hoorde ook bij het gedrag van een monopolist. Eerst heel lang ontkennen dat er een probleem is, dan roepen dat het om kleine problemen gaat en vervolgens gebruikers dwingen om bij Vista te blijven. Die dwingelandij ging zelfs zover dat Microsoft het moeilijk of soms zelfs onmogelijk maakte om terug te keren naar het oude besturingssysteem, Windows XP.

Intussen werd op volle kracht gewerkt aan een opvolger van Vista. Die is in 2009 gekomen onder de naam 'Windows 7'. Gebruikers zijn erg te spreken over dit product omdat het in feite weer teruggaat naar Windows XP, zowel in functionaliteit als complexiteit. Zo kwam alles toch nog goed en blijft het monopolie (vrijwel) in stand. Hoewel het marktaandeel van Apple een beetje is gestegen, bedraagt het marktaandeel van Microsoft in de markt voor pc-besturingssystemen nog steeds 88%.

Is er nou helemaal niemand die Microsoft de baas kan? Ergens in Europa is een klein dorpje, Brussel genaamd, waar succesvol verzet werd geboden.

Onze eigen mevrouw Kroes heeft Microsoft een boete gegeven van €497 miljoen. Dit werd bereikt na jarenlange processen en vertragingstactieken van Microsoft. Neelie werd meteen een heldin, en terecht. Maar tegen Microsoft helpt het niet echt. De jaaromzet van Microsoft bedraagt namelijk ongeveer 10 miljard dollar, met een winst (in 2005) van 2,5 miljard. Als je dan na tien jaar een boete van nog geen half miljard moet betalen, is dat niet iets waar je wakker van ligt.

Is dit nou allemaal slecht voor ons? Dat zal de tijd leren. Intussen weten we zeker dat de innovatie minder snel gaat dan mogelijk en dat wij veel te veel betalen. Maar eerlijk is eerlijk: de compatibiliteit is wel een groot voordeel, voor consumenten en ook voor softwaremakers. Als overtuigde hater van machtsmisbruik door monopolisten moet ik het met pijn in het hart toegeven: dat vrijwel alle software op elke pc draait, is voornamelijk te danken aan het monopolie van Windows.

ROVERSNEST NEDERLAND
augustus 2003

Vakantietijd: zon, zee, strand, vrije tijd, lekker genieten dus. En dan ook nog onverwacht een prijs winnen, volgens een ongevraagd sms'je. Een collega van mij ontving zo'n bericht in Spanje met een dringende oproep een duur 0900-nummer te bellen in Nederland. Natuurlijk had hij geen prijs gewonnen.

Wij weten dat veel van onze leden nog veelvuldig aanlopen tegen oneerlijke handelspraktijken. Zo kan het voorkomen dat u opeens groene stroom krijgt van een andere aanbieder. Zonder dat te weten en zonder uw toestemming bent u overgezet. Of wat dacht u van mensen die te maken krijgen met een overboekte vakantiereis of met plotselinge prijsverhogingen van monopolisten zoals kabelbedrijven.

De Europese overheid wil oneerlijke handelspraktijken aanpakken en komt met regels voor consumentenbescherming tegen misleidende en agressieve verkoopmethoden. Voorwaarde voor die bescherming is toezicht in alle EU-landen op de nieuwe regels. Een Europees netwerk van toezichthouders moet elkaar ook kunnen bijstaan bij grensoverschrijdende handelspraktijken.

De Nederlandse overheid wil niet meewerken; enerzijds omdat ze het huidige stelsel van toezicht en handhaving niet wil herzien. Anderzijds omdat ze vindt dat grensoverschrijdende oneerlijke handelspraktijken niet veel voorkomen.

Nederland is daarmee een roversnest en lokt met deze opstelling ook buitenlandse piraten die vanuit dit 'paradijs' alles kunnen doen zonder rekening te houden met de rechten van consumenten. Met onze campagne 'Van recht hebben naar recht krijgen' strijden wij voor een ommezwaai in de houding van onze overheid.

Ik heb staatssecretaris Karien van Gennip van Economische Zaken gevraagd het Nederlandse beleid te herzien en in te stemmen met de Europese voorstellen. De nieuwe regering wil een einde aan het gedoogbeleid. Laat ze dan vooral ook stoppen met het gedogen van oneerlijke handelspraktijken richting consumenten. Verbieden en overtredingen bestraffen: een mooie klus voor de nieuwe Haagse ploeg.

Oneerlijke handelspraktijken nu meer aan banden gelegd

In 2003 vergaderden de ministers van Economische zaken in Brussel over de handel tussen lidstaten. Voor Nederland nam Joop Wijn (CDA) aan de vergadering deel. Het werd belangrijk geacht dat consumenten meer over de grens zouden kopen. Internet zou dit alles mogelijk maken. Er was echter een probleem: 'vertrouwen'. Hoe konden consumenten erop vertrouwen dat de, veelal onbekende, buitenlandse winkels betrouwbaar waren? Er moesten regels komen om oneerlijke handelspraktijken tegen te gaan. Op het handhaven van die regels zou dan worden toegezien door speciaal daarvoor opgezette toezichthouders of door bestaande toezichthouders.

VNO/NCW, die indertijd ook al tegen de huidige antikartelwetgeving en de Nederlandse Mededingingsautoriteit was, schreeuwde moord en brand. Het was tegen! Net zoals de meerderheid van de Tweede Kamer en de Nederlandse regering.

Het officiële verhaal was dat er nauwelijks sprake was van grensoverschrijdende consumentenkopen, laat staan van grote problemen daarmee. Als dit de echte reden zou zijn geweest, dan zou je dat kortzichtig kunnen noemen. Maar de werkelijke, achterliggende reden om oneerlijke grensoverschrijdende handel niet te willen reguleren, was dat iedereen snapte dat je deze regels dan ook voor de binnenlandse handel moest laten gelden. Anders zou grensoverschrijdende handel beter beschermd worden dan de binnenlandse. Nederland was een van de weinige landen in Europa zonder toezicht op consumentenregels. Nederlandse consumenten moesten bij problemen maar zelf naar de rechter of geschillencommissie stappen. Doordat consumentenkwesties vaak te klein zijn om er kostbare procedures voor aan te spannen, konden overtreders ongestoord hun gang gaan.

De Consumentenbond wist natuurlijk dat deze discussie op Europees niveau gevoerd werd. Maar omdat vergaderingen van Europese ministers geheim zijn, is het moeilijk om erachter te komen hoe de verhoudingen liggen. We werden pas echt geactiveerd toen een hoge Europese ambtenaar mij belde met de mededeling dat alleen Nederland deze consumentenbescherming tegenhield.

Na dit telefoontje hebben we de campagne 'Van recht hebben naar recht krijgen' gevoerd. De aftrap van de campagne vond plaats in Madurodam,

tijdens ons 50-jarige jubileum. De staatssecretaris belast met consumentenzaken (Joop Wijn), zelf een tegenstander van een wet tegen oneerlijke
handel, besloot niet op ons congres te komen. Een zeer ongebruikelijke
stap. De minister van Justitie, die over recht hebben en recht krijgen gaat,
liet ook verstek gaan. Om de Consumentenbond verder gezichtsverlies te
besparen, gaf de toenmalige secretaris-generaal van Justitie, Jan Willem
Oosterwijk, een presentatie op ons congres.

Deze vernedering motiveerde ons nog meer om dit onrecht te bestrijden. Mijn collega-directeur, Klaske de Jonge, is er nog drie jaar mee bezig
geweest. Later zou de opvolgster van Joop Wijn, Karien van Gennip (CDA),
een officieel onderzoek doen naar de door ons gesignaleerde misstanden.
Zij kwam tot de conclusie dat een consumentenautoriteit noodzakelijk was
om de consument en eerlijke ondernemers te beschermen tegen boeven
die erop uit waren om oneerlijk te handelen. Hoewel mevrouw Van Gennip van het CDA was, de partij die eerder tegen de Consumentenautoriteit
stemde, heeft zij als een leeuwin gevochten om de wet erdoor te krijgen.
Het is mede aan haar te danken dat eind 2006 het besluit tot oprichting van
onze Consumentenautoriteit werd genomen. Daarmee is de bescherming
van de consument en dus het vertrouwen dat hij moet kunnen hebben in
eerlijke handelspraktijken, weer een stukje verbeterd.

STOP DE ZEURKASSA'S
mei 2007

Elke dag lopen in Nederland zo'n 4 miljoen mensen een supermarkt binnen. En die 4 miljoen mensen laten dagelijks €74 miljoen aan de kassa achter. Maar mij valt nog iets op bij de kassa's. Het zijn bijna altijd 'zeurkassa's'! Want behalve klanten staan er veel zeurende kinderen. Bij de kassa's zetten bijna alle supers namelijk verleidelijk snoepgoed. Vaak echt kindersnoep, zoals tumtummetjes, winegums, schuimpjes, zuurtjes en dropjes. Vaak op bukhoogte voor volwassenen, dus op grijphoogte voor kinderhandjes.

Mijn oproep aan managers van supermarkten luidt: stop daarmee! Haal kindersnoep weg bij de kassa's. Want zolang het snoep er ligt, draagt u bij aan een groot, groeiend probleem: overgewicht van kinderen.

Bijna een op de vijf kinderen is tegenwoordig te dik. In minder dan tien jaar is dat aantal verdubbeld. En dikke kinderen worden later dikke volwassenen. Met alle problemen voor de gezondheid van dien. Het is een heel serieus probleem. Wetenschappers waarschuwen dat voor het eerst in de geschiedenis de volgende generatie waarschijnlijk korter te leven heeft dan de voorgaande. Door een ongezonde levensstijl.

Nou hoor je weleens zeggen: dat kun je de leveranciers van de snoep toch niet verwijten? De veroorzaker van overgewicht is de snoeper of de snacker zelf. En bij kinderen: de ouders die hun kroost snoep toestoppen.

Klopt. Supers hoeven ouders niet te betuttelen. Dat vraag ik ook niet. Maar de supers hoeven het ouders ook niet moeilijker te maken. Uitgerekend bij de kassa waar een ouder – bekeken door een rij andere wachtenden – allerlei fijns voor zichzelf staat af te rekenen. Dan is de gedachte al gauw: 'Jij krijgt ook wat'.

Volgens mij raakt mijn oproep aan de supers een gevoelige snaar. Ik weet dat de supermarktconcerns in Nederland echt bezig zijn met maatschappelijk verantwoord ondernemen. Ze willen graag gezonde en biologische producten verkopen. Ze willen graag dat u zich goed voelt bij wat zij verkopen. En ze beseffen dat ze ouders een dienst bewijzen als het snoep bij de kassa verdwijnt. Dus ik wacht met spanning op de eerste die roept: 'Bij ons geen kindersnoep bij de kassa!'

Het complot van de voedingsindustrie

De discussie over het opvoeden van kinderen laait weer op. Moderne ouders laten hun kinderen te veel vrij. 'Kinderen moeten zelf ervaringen opdoen.' Bovendien willen ze geen ruzie uitlokken door het kind te vertellen wat het wel of niet moet doen. Daar hebben die ouders ook helemaal geen tijd voor. Die willen leven, gelukkig zijn. Jong en mooi blijven.

Een recent onderzoek van het onderzoeksbureau Motivaction geeft aan dat hierdoor behoorlijk foute kinderen ontstaan. Allemaal de schuld van de ouders. Ouders moeten meer de regie in handen nemen. Kinderen zijn niet voor niets kinderen. Die kunnen nog niet alle besluiten nemen, ze overzien de gevolgen niet. De onderzoekers zeggen ook dat kinderen dankbaar zijn voor die regie. Is het niet nu, dan is het later.

Dit past ook in de discussie over vetzucht. 'Dikke kinderen zijn kindermishandeling.' Het is de schuld van de ouders en die zouden eigenlijk aangepakt moeten worden.

Ik wil het hier niet hebben over in hoeverre je ouders moet aanpakken voor een slechte opvoeding. Ik wil wel stellen dat ouders verantwoordelijk zijn voor het gedrag en de gewoontes van de kinderen. Maar naast die primaire verantwoordelijkheid ligt er een secundaire verantwoordelijkheid bij de omgeving van het kind. Je kunt als ouder nog zo je best doen, als je kind op school gecorrumpeerd wordt of vetgemest, kun je daar niet zo veel aan doen. Je kunt je kind naar een andere school sturen of proberen invloed uit te oefenen op de school. Hoe dan ook, het kost je veel extra moeite, tijd en energie.

Maar wat nou als de gehele maatschappij samenspant om jou de opvoeding van je kind onmogelijk te maken? Juist, we hebben het hier over een complot. Een complot van de voedingsindustrie die haar pijlen moedwillig richt op kinderen onder de 12 jaar. Om die groep voeding aan te smeren die over het algemeen slecht voor ze is. Ze zien spotjes op tv, zeurkassa's bij de super en snoepautomaten op school. En als je de industrie daarop aanspreekt, krijg je het argument dat de ouder verantwoordelijk is of dat één stukje snoep helemaal geen kwaad kan.

Ouders hebben er recht op dat hun kinderen in een veilige omgeving kunnen opgroeien. Voor wat betreft gezonde voeding is dit momenteel niet het geval. Ondanks herhaalde oproepen van organisaties als de Consumenten-bond en de Hartstichting en recentelijk ook de voorzitter van het Convenant Overgewicht, Paul Rosemuller, geeft de politiek niet thuis. Een partij als het CDA, die al onze e-mails wil controleren in naam van de veiligheid, staat toe dat de jeugd van nu straks vroeg sterft. De partij die ons wil verbieden om op zondag te shoppen, is nu ineens zo liberaal dat kinderreclame voor fout snoep moet mogen. Hierin staat ze niet alleen. De meerderheid van de Tweede Kamer is tegen 'betutteling', zoals ze dat zelf zeggen. Verplichte veiligheidsriemen en een helm op de brommer vallen in de categorie veiligheid, maar maatregelen tegen vetzucht bij kinderen worden betutteling genoemd.

Gelukkig zijn er snoepfabrikanten die wél inzien dat er iets moet gebeuren en dat zij daar een verantwoordelijkheid in hebben. Mars heeft zelf al besloten om geen snoepreclame meer te maken gericht op kinderen onder de 12 jaar. Hoewel de Stichting Reclamecode recentelijk weer heeft bevestigd dat kinderreclame voor ongezonde producten mag, ben ik ervan overtuigd dat dit een gelopen race is. De toenemende kosten van de gezondheidszorg zullen onze politici dwingen tot adequate maatregelen. Maar voor het zover is, kunnen de supermarktconcerns alvast vrijwillig bijdragen aan de gezondheid van kinderen door de zeurkassa's af te schaffen.

BONUSRENTE OP UW HYPOTHEEK
juni 2007

'Hoeveel rente betaal jij nou?' Dat is de eerste vraag die je van kennissen krijgt als je een nieuwe hypotheek hebt afgesloten. Geen wonder, want de hypotheekrente is voor de meeste huiseigenaren een heel belangrijke vaste maandelijkse woonlast.

De rente is nu relatief laag. Daarom zijn er veel mensen die tegenwoordig vol ergernis de advertenties bekijken voor hypotheken omdat ze zelf veel meer rente betalen. Elke maand opnieuw.

Overstappen naar zo'n nieuwe hypotheeklening met lagere rente is niet zo makkelijk. Banken en verzekeraars hebben u namelijk stevig aan de ketting gelegd. De meeste mensen hebben een contract met een lange looptijd van bijvoorbeeld twintig jaar waarbij de rente al die jaren vast is. Dan weet je immers waar je aan toe bent. En de bank ook! Als je er tussentijds vanaf wilt, loopt de bank rente-inkomsten mis en daarom kan dat alleen tegen betaling van boeterente.

Het lijkt allemaal heel logisch en redelijk, maar op twee punten is het met die boeterente mis. In de eerste plaats blijkt uit onderzoek en uit juridische procedures dat aanbieders te veel boeterente berekenen. Deskundigen schatten dat er structureel tot 5% te veel boeterente wordt berekend. En dat op jaarlijks naar schatting een paar honderdduizend oversluitingen: *big money!*

Mijn eerste aanbeveling is dus: laat een onafhankelijke deskundige goed narekenen hoe hoog de boeterente is als u overweegt over te sluiten. Uw hypotheekadviseur zou u dat helder moeten kunnen uitleggen. Via reken-modules op internet krijgt u al een indicatie.

Ten tweede: waarom zou u altijd het haasje zijn als u iets wilt met uw hypotheek? Eigenlijk zouden banken u moeten belonen als u een hypo-theek met een lage rente inlevert tegen eentje met een hogere rente. Maar, zegt u, wanneer zou ik dat doen? Nou, bijvoorbeeld als de rente steeds meer oploopt, u nog even af zit van uw verlengingsdatum en u hem toch op een bepaald niveau wilt vastprikken. Of als u naar een bank wilt met een veel goedkoper aflossingssysteem dan waar u nu zit. Of als u uw huis verkoopt in een periode waarin de rente hoger staat.

Daarom een oproep aan de aanbieders. Als u zo graag boeterente oplegt, zorg er dan ook voor dat de consument in het omgekeerde geval kan rekenen op een bonusrente.

Gevangene van je eigen huis

Huizenbezitters zullen een flink deel van de rekening voor de kredietcrisis moeten betalen. Zeker nu het ernaar uitziet dat de door het kabinet voorgestelde AOW-maatregel pas over twintig jaar iets gaat opleveren, moet de staatsschuld ergens anders op worden afgewenteld. Vooral op het geleidelijk afschaffen van de aftrek van hypotheekrente. Het woord geleidelijk is daarbij wel essentieel. Bij een te snelle afschaffing kunnen mensen hun lasten niet meer betalen. Hun huis verkopen gaat ook niet, althans niet tegen een goede prijs, want door het afschaffen van de renteaftrek zullen de huizenprijzen 20 à 30% dalen. Veel mensen hebben een hoge hypotheek (soms wel tot 110%) genomen. Als de prijs van het huis daalt, moeten zij bij verkoop tienduizenden euro's bijbetalen.

Toen de AFM stelde dat zij deze tophypotheken wilde verbieden, stond Nederland, inclusief de politiek, op zijn achterste benen. En dit terwijl de AFM natuurlijk in principe gelijk heeft. Maar wanneer pak je zoiets aan? Midden in de crisis of wacht je totdat die over is? Vergelijk het met de man die zijn lekkende dak niet wilde repareren omdat het regende, maar toen het droog was, had hij er geen last van.

Het is veel beter om eerst een kapitaaltje te sparen en dan pas een huis te kopen. In het verleden hebben huizenbezitters enorm geprofiteerd van stijgende huizenprijzen. In die tijd was het goed om een zo duur mogelijk huis te kopen. Dat huis steeg per jaar bijvoorbeeld 7% in waarde. Na tien jaar was het huis in waarde verdubbeld. Dan maakte die tophypotheek van toen niets meer uit. Nu de huizenprijzen niet meer stijgen en soms zelfs dalen, is het een ander geval. Als je dan zelf ook nog in een minder rooskleurige financiële situatie terechtkomt, kun je er niet meer blijven wonen omdat je de hypotheek niet meer kunt betalen. Maar je kunt ook niet verhuizen, omdat het huis minder opbrengt dan de hypotheek die je moet aflossen. Dan ben je dus gevangene van je eigen huis.

Wat ook vaak is voorgekomen, is dat mensen de overwaarde van hun huis zijn gaan opmaken. Stel dat je een huis gekocht hebt voor €300.000, met een hypotheek van €330.000. In tien jaar heb je €60.000 afgelost. Intussen is het huis in waarde verdubbeld tot €600.000. Trek je daar de resterende hypotheekschuld van €270.000 van af, dan resteert €330.000 overwaarde.

Veel mensen hebben deze overwaarde geleend met hun huis als onderpand. Dat geld is aan leuke dingen uitgegeven. Nu zakt de prijs van die woning met 10% en zijn ook zij plots gevangene van hun huis. Het huis is dan nog maar €540.000 waard, terwijl de hypotheekschuld is opgelopen tot €600.000.

Leenreclames worden tegenwoordig voorzien van een aanduiding dat lenen geld kost. Ik zou de waarschuwing nog verder willen laten gaan: 'Lenen? Liever niet.' Of 'Lenen, niet doen.' En wat denkt u van: 'Je bent een eend als je leent'?

Ja, ik snap ook dat er situaties zijn waarin lenen wel goed is. Bij het kopen van een huis een bedrag bijlenen kan een juiste keuze zijn. Dan staat er tegenover de lening een bezit, dat waarde blijft behouden. Je moet dan wel accepteren dat een kleine waardedaling van het huis tot een grote waardedaling van jouw ingelegde geld leidt. De bank wil namelijk gewoon zijn geld terug. Omgekeerd kan een waardestijging extreem voordelig uitwerken.

Ik heb het hiervoor nog niet eens gehad over bijzondere hypotheekvormen als een beleggingshypotheek of DSB-achtige constructies met koopsommen. Het risico dat de consument daarmee loopt, is nog groter en onvoorspelbaar.

Mijn oma kwam uit Drenthe, van een boerderij. Voorgaande redeneringen snapte zij niet. Wat zij wel snapte, is dat je maar beter geen schulden kunt hebben. De ellende die schulden kunnen veroorzaken, is vaak groter dan het kortstondige genot van tijdelijk additioneel geld. Lekker ouderwets, hè?

VAKANTIE IN EEN ALBUM
juli 2007

Het is (bijna) vakantietijd en dat is ook dé tijd voor de amateurfotografen. Nooit worden zo veel foto's geschoten als in juli en augustus.

Vroeger, in het analoge fototijdperk, belandden veruit de meeste foto's uiteindelijk in een doos of la, meestal nog in de envelop van de afdrukcentrale. Jammer. En toch een beetje weggegooid geld. Of in elk geval: weggelegd geld. Maar in het huidige digitale fototijdperk is het eigenlijk nog beroerder. Want nu komen de meeste opnamen niet verder dan een mapje op de harde schijf van de pc.

Ik ben een verwoede amateurfotograaf en heb een tijdje geleden de oplossing gevonden: ik laat van mijn reportages een fotoalbum printen. Geweldig! Hoe werkt het? Ga op internet naar de website van een fotoalbumcentrale, zoals Pixbook.nl en Spector.nl. Download of open het opmaakprogramma. Kies de vormgeving, kaft, kleur, omvang.

Stel je album samen met je digitale fotobestanden, teksten, eventueel gescande documenten zoals entreekaartjes, dinerbonnen of alles wat je op de scanner kunt leggen. Stuur het online in en wacht tot je in een keurig pakketje het album thuis krijgt. Of haal het een paar dagen later op in een winkel.

Kost €30 tot €70 en dat is evenveel als destijds de analoge foto's laten afdrukken. Maar nu zijn ze al 'ingeplakt' in een album!

Zo'n album laat de kijkers echt versteld staan. En ze kunnen er in eigen tempo doorheen bladeren. Bij het aloude dia-avondje was dat toch soms afzien. Op den duur krijg je een rijtje fotoboeken in de kast dat je veel eerder even pakt dan al die enveloppen uit de schoenendoos.

Deze maand heeft de *Digitaalgids* van de Consumentenbond een vergelijkende test van een groot aantal aanbieders. Bestel het nieuwe nummer van deze gids via de Webwinkel op onze website of bekijk (gratis voor *Consumentengidslezers*) de test op *Consumentengids Online*.

Zoals bij meer internetdiensten zien we ook bij de centrales voor het afdrukken van digitale foto's en fotoalbums drie trends: de kwaliteit wordt steeds beter, de gebruiksvriendelijkheid gaat vooruit en de betrouwbaarheid van de diensten en betaling is verhoogd. Aan al die trends heeft de Consumentenbond een steentje bijgedragen en nog altijd duiken er malafide aanbieders op die bestreden moeten worden. Maar internet maakt per saldo ons leven echt een stuk leuker, in elk geval mijn leven als vakantiefotograaf!

Leve de fotobranche!

Een bekentenis: ik ben dyslectisch. Dat betekent dat ik problemen heb met letters en woorden. Met behulp van goede software, vrienden en correctoren komt er wel wat op papier, maar ik denk in beelden, in plaatjes. In plaats van een dagboek te schrijven, maak ik foto's. Heel veel foto's. Momenteel heb ik 24.000 zelfgemaakte foto's op de harde schijf van mijn pc staan. (En ja, dank voor uw interesse, ik heb een back-up gemaakt.)

Nu heb ik in de afgelopen jaren op heel wat bedrijven en sectoren kritiek gehad. Maar de fotobranche hoort daar niet bij. Wat daar voor goeds gebeurd is, is met geen pen te beschrijven. Laat ik beginnen met de camera's. Die zijn klein geworden, heel klein. Broekzakklein. Voor superkwaliteit kies je een spiegelreflexcamera. Vroeger kostte dat een fortuin. Nu koop je een Canon 500D voor nog geen €600, inclusief lensje. Dit is een stukje technologie dat tien jaar geleden nog voor onmogelijk werd gehouden. Er is geen excuus meer om slechte foto's te maken. Een professionele camera van Canon kost €1300. Geen geld, als je het hebt en als je met het toestel kunt omgaan. Het excuus dat iemand een slechtere camera kiest omdat hij niets van instellingen weet, is achterhaald. Alle camera's hebben een volautomatische stand waarmee je memorabele foto's kunt maken.

Als de foto genomen is, kun je hem bewerken. Voor nog geen €100 koop je een eenvoudig bewerkingspakket met professionele functionaliteit. Je kunt kiezen tussen fotobewerking met één knop om de foto te verbeteren of een uitgebreidere versie met meer mogelijkheden. Ik gebruik Adobe Photoshop Elements. Daarmee een foto bewerken kost nog geen 20 seconden. Maar als ik echt zin heb, kan ik ook uren aan een foto prutsen.

Met dit pakket van Adobe kun je ook je foto's beheren. Elke keer als je een paar foto's hebt gemaakt, besteed je 10 minuten aan het labellen ervan. Je geeft aan waar de foto genomen is en wie erop staat. Als je dan later een foto met Kees en Willem in België zoekt, vindt het pakket die voor je in 2 seconden.

Adobe Photoshop Elements helpt je ook met het printen van de foto's. Al met een redelijk goedkope fotoprinter van €200 maak je mooie afdrukken op A4-formaat. Kom je op zaterdag terug van vakantie, dan kun je op zondagmiddag al een paar foto's tonen aan tante Truus. Voor een betere afdrukkwaliteit kun je terecht bij een afdrukcentrale. Dat duurt een paar dagen en is wat goedkoper dan zelf afdrukken.

Een beetje duur, maar wel erg mooi, zijn de fotoboeken. Die zijn de laatste jaren nog beter geworden. Denk hierbij aan een foto op de omslag en glanzend papier. Foto's zijn er om te laten zien aan anderen en een album is nog altijd een goede manier om dat te doen. Zij die nog verder willen gaan, kunnen hun foto's op veel meer zaken kwijt, zoals bekers, puzzels en T-shirts.

Een lofzang dus, over een industrie die de afgelopen tien jaar prima voor consumenten heeft gepresteerd. Dank hiervoor!

MEER BETALEN VOOR BETALEN?

september 2007

Er is iets in de maak wat alle Nederlanders gaan merken: een reorganisatie van het betalingsverkeer.

Iedereen betaalt nu veel met pinpas en automatische incasso en we internetbankieren massaal. Dat gaat over het algemeen goed en het systeem is betaalbaar voor iedereen. In Europa loopt Nederland daarmee voorop; in de andere EU-landen is het betalingsverkeer veelal minder efficiënt, minder toegankelijk en daardoor duurder voor gebruikers.

De komende verandering komt voort uit de Europese samenwerking. Na de Europese munt moet er ook één Europees betaalsysteem komen: de *Single Euro Payments Area* (SEPA). Op zich is dat een goede zaak: het maakt betalen over de grens gemakkelijker en bovendien zal het de concurrentie op allerlei gebieden binnen het eurogebied verder bevorderen.

De vrees is dat de kosten van het betalingsverkeer voor consumenten en winkeliers zullen oplopen. Want in de ons omringende landen willen de banken de lucratieve betalingssystemen in stand houden. Het risico voor Nederland is dus dat er straks een compromis uitrolt waardoor we er per saldo op achteruitgaan. Omdat wij nu immers het voor de gebruikers goedkoopste systeem hebben.

De Nederlandse betaalpraktijk is zo goed omdat banken ons min of meer maatschappelijk verplicht zijn betaaldiensten betaalbaar en toegankelijk te houden voor iedereen. Omdat er weinig aan is te verdienen, hebben ze alles op alles gezet om betalen zo efficiënt en goedkoop mogelijk te maken.

Er gaat vanaf 1 januari 2008 veel veranderen in het betalingsverkeer en als we niet uitkijken wordt het voor Nederlanders een stuk duurder. De Consumentenbond heeft zich voorgenomen te voorkomen dat de consument meer moet gaan betalen voor dezelfde diensten, zoals veilig betalen via automatische incasso en pinnen in de winkel. Hier hebben consumenten hetzelfde belang als winkeliers; die dreigen per transactie meer te gaan betalen. Uiteindelijk zou dat tot hogere kosten voor de klanten kunnen leiden, want ook de winkelier probeert zijn marge te handhaven.

SEPA is een goede ontwikkeling, maar laten de banken beseffen dat ze een gesloten front van consumenten en winkeliers tegenover zich krijgen als het gaat om een kostenverhoging zonder verbetering van de diensten.

Het nut van achterkamertjes

Het overschrijven van geld van de ene naar de andere rekening en het storten en opnemen van geld is in Nederland voor consumenten gratis. Dat is natuurlijk niet echt zo, want de banken verrekenen die kosten op een andere manier, zoals via de jaarkosten van de pinpas. Maar door dit systeem zijn de betaalkosten voor iedereen wel laag, ook voor de banken. In veel andere landen laten de banken hun klanten bij elke betaling betalen, waardoor de banken zelf niet meer gemotiveerd zijn om efficiënter te werken.

Er zijn drie manieren om de kosten voor betalen efficiënter te maken. De eerste manier is die van Nederland. Laat de banken voor de directe betaalkosten opdraaien. Ze zullen dan hun best gaan doen om efficiënter te werken. De consument betaalt dan jaarlijks een vast bedrag voor deze bankdiensten. Het risico van deze methode is dat de consumenten wellicht niet kiezen voor de efficiëntste betaalmethode. In Nederland is bewezen dat goede voorlichting hierover echt werkt. Wij doen precies wat de voorlichting ons zegt. Als de voorlichting zegt: 'Pinnen!' dan gaan wij pinnen. Ons betalingssysteem behoort tot de efficiëntste van de wereld.

De tweede manier is om de consumenten per betaling te laten betalen. Creditcard is dan bijvoorbeeld duurder dan PIN. Contact betalen is goedkoper dan PIN. In theorie kiest de consument voor de goedkoopste methode, al kleven er andere nadelen aan. Denk aan beroving of verlies van geld.

De derde manier is een staatsbank. Daar moet de prikkel om efficiënter te werken van de overheid komen. Hiervan ken ik geen goede voorbeelden.

Maar nu is de tijd dat wij onze zaakjes zelf in Nederland kunnen regelen, voorbij. Daar zitten voordelen aan, maar bij het ontwikkelen van een Europees betalingssysteem (SEPA) is het even oppassen. Bijna alle Europeanen zijn met hun betalingsverkeer slechter af dan wij en het laatste wat we willen, is mee de afgrond ingetrokken worden. In 2007 zat ik in het Nationaal Overleg Betalingsverkeer. Een overleg met iedereen die iets met het betalingsverkeer te maken had, onder voorzitterschap van De Nederlandsche Bank. Daar kon de Consumentenbond achter gesloten deuren met de banken zaken bespreken en uitonderhandelen.

Bij de gesprekken over een Europees betalingssysteem was ik extra alert. Daar kon veel misgaan. Allereerst mocht het niet duurder worden

dan onze vertrouwde pin. Ook Henk van der Broek, die de supermarkten vertegenwoordigde, was hierop zeer gebrand. Hij wist natuurlijk dat de banken deze extra kosten meteen aan de supers zouden doorrekenen. Er kwamen allerlei beloften van de banken en de pin zou langer blijven bestaan, totdat het alternatief even goedkoop was. We moeten nog maar afwachten hoe dit gaat aflopen. Ik heb het gevoel dat als de Consumentenbond of de vereniging van supers hun aandacht ook maar even laat verslappen, de prijzen omhoog zullen schieten.

Een ander heet hangijzer was de Europese automatische incasso. In Nederland werkt het goed, omdat hier slechts een handjevol banken is, die we allemaal kennen. In Europa gaat het over meer dan 10.000 banken, die dan ongestoord geld van ieders rekening zouden kunnen halen. De consument kan pas achteraf klagen. Dus iedereen kan ongestoord je rekening plunderen en jij moet elke avond je centen tellen en controleren of er niets ten onrechte is afgeschreven. Hoewel dit vóór de kredietcrisis speelde, had ik onvoldoende vertrouwen in het Europese bancaire systeem om hiermee in te stemmen.

Ook publiekelijk heb ik hierover nog gedebatteerd met de voorzitter van de Nederlandse Vereniging van Banken: Boele Staal. Hij snapte geen snars van de mogelijke problemen en kwam niet verder dan ze te ontkennen. Later kwamen de bankiers erop terug en werden al mijn eisen ingewilligd. Ze gingen ook inzien dat de garanties van andere banken en nationale banken niet zo zeker zijn als ze hadden gehoopt en dat het vertrouwen van de consument in zijn eigen bankrekening de basis vormt van de relatie met een bank.

En zo leidde een achterkamergesprek tot een goede uitkomst, al moeten we nog steeds afwachten wat de praktijk werkelijk zal brengen.

NIET ALLES NAAR WENS
oktober 2007

'Hi, how are you? I'm Cindy and I'm your waitress.' Dat heb ik in mijn vakantie vaak gehoord. Want ik toerde een maand met mijn gezin door de VS. De ober of serveerster in de cafetaria en restaurants was telkens een andere, maar de boodschap was overal hetzelfde: 'We are here to serve you'. Na terugkomst in Nederland was de eerste ervaring met onze horeca een regelrechte domper: in plaats van service en gastvrijheid kregen we ongemak en stuursheid.

In Amerika word je na binnenkomst direct aangesproken en naar een plaats begeleid, in Nederland laten ze je ronddolen. In Amerika krijg je meteen een glas koud water (gratis) en de menukaart. Hier moet je een ober zien te lokken – een hele kunst – en is 'dorst' vooral handel. In Amerika worden glazen en koffiekoppen telkens bijgevuld, in Nederland moet je opnieuw de ober lokken en overal voor betalen. In Amerika krijg je direct een praatje over *today's special*, hier laten ze je eindeloos puzzelen op de menukaart. In Nederland is het een simpel glas huiswijn óf een peperdure hele fles, in Amerika zijn er altijd minstens vijf wijnen open. En ten slotte: in Amerika betaal je een redelijke prijs, hier voel je je steevast getild. In het restaurant, op het terras en aan de bar.

Er wordt vaak gezegd: in Amerika is al die vriendelijkheid maar schijn en ze doen het puur vanwege de fooi. Weet u, het kan me niet schelen of het schijn is, als ik maar de service krijg die ik wil bij mijn etentje.

Wat kun je als consument nou doen tegen de slechte kwaliteit van de Nederlandse horeca? Je moet klágen, zegt de branche. Dat doen de Fransen ook als het niet goed is. De Nederlander reageert anders: hij zegt 'Ja hoor' op de vraag of het gesmaakt heeft. Maar buitengekomen denk hij: 'Hier kom ik nooit meer!' Dat is precies wat we zien: we koken zelf wel. Of we halen wat in huis. Scheelt veel geld en ook veel ergernis. Het gevolg is dat de restaurateurs hun prijzen verder verhogen. De eters moeten betalen voor de lege stoelen in het restaurant. Het is een neerwaartse spiraal.

Misschien dat het Amerikaanse fooiensysteem (hoe tevredener de klant, des te meer hij betaalt) zo slecht nog niet is. Maar er moet hier echt wat gebeuren wil weer 'alles naar wens' zijn…

Op bezoek bij Clinton

De Verenigde Staten spelen in het werk van de Consumentenbond een belangrijke rol. Allerlei ontwikkelingen die daar beginnen, rollen door naar
Nederland. Door goed naar Amerika te kijken, kun je voorkomen dat de
fouten daar ook hier worden gemaakt. Amerika is verder belangrijk omdat
het zo machtig is. Daar worden besluiten genomen die ons direct raken;
vaak ten goede, maar soms ook ten kwade. Het is dan verstandig om daar
(in Amerika) te proberen je invloed aan te wenden.

De Europese Unie en het Amerika onder president Clinton hebben een
dialoog georganiseerd tussen de consumentenorganisaties van de EU en de
VS. Die dialoog heet *Transatlantic Consumer Dialogue*, of afgekort TACD. De
aangesloten consumentenorganisaties komen sindsdien regelmatig samen
en formuleren adviezen aan de EU en de VS. Die worden besproken met hoge
ambtenaren en politici. Zo ontstaat er een georganiseerde politieke lobby
op zeer hoog niveau. De voorwaarde is wel dat de adviezen unaniem door
alle consumentenorganisaties worden gesteund.

De consumentenorganisaties bepalen welke onderwerpen er worden
besproken. In die besprekingen voel je de culturele tegenstelling tussen
Amerika en Europa. De basishouding van de VS is: 'Laat alles vrij en als er
dan een probleem ontstaat, grijpen we wel in.' Dat ingrijpen is geen loos
dreigement. Ze doen het echt. Kijk naar het roken, Afghanistan en antik-
artelzaken. De Europese houding is: 'Laten we zoveel mogelijk problemen
voorkomen.' De Amerikanen vinden ons slap en andersom vinden wij hen
te kapitalistisch en te hard.

Een goed voorbeeld is genetisch gemodificeerde voeding. In de VS laten
ze het toe. Als het dan later misgaat, kunnen de gedupeerden via rechtszaken
hun schade verhalen. In Europa willen we voorkomen dat het misgaat, al zet
dit een rem op de innovatie. Maar als het dan wordt toegestaan in Europa, kan
een eventueel slachtoffer nergens heen. Bedrijven worden hier veel minder
verantwoordelijk gehouden voor hun doen en laten dan in de Verenigde Staten.

In Amerika vinden de besprekingen plaats in het *State Department*, het
Amerikaanse ministerie van Buitenlandse Zaken. Dit is een moderne ves-
ting. Bij binnenkomst word je uitgebreid gecontroleerd door kortgeknipte
soldaten. De uitstraling van deze heren is niet die van gezelligheid en over-

leg. Als een van hen zegt dat je NETJES in de rij moet staan, dan doe je dat, al is je schoenveter los. Binnen mag je als bezoeker niet vrij rondlopen. Je krijgt een escort mee die je overal naartoe brengt. In de lange gangen van het gebouw staan om de 20 meter gewapende soldaten. Hoewel alles erg strikt geregeld is, is iedereen bijzonder vriendelijk en beleefd. Er zijn ook koffie met doughnuts en coole plastic bekers met *State Department* erop.

Heel anders was het in het Witte Huis. Een vertegenwoordiger van de Europese en een van de Amerikaanse consumenten mochten in het Witte Huis bij president Clinton, Chirac en de voorzitter van de Europese Commissie, de heer Prodi, consumentenissues komen bespreken. De Europeaan was ik. Natuurlijk werd je bij binnenkomst in de *West Wing* van het Witte Huis goed gecontroleerd. Maar eenmaal binnen heerste een gezellige chaos. We hoorden dat de meeting was uitgesteld en dat we drie uur moesten wachten. Vijf minuten later werden we tot onze blijde verrassing gehaald en in een verkeerde meeting gedropt. Het waren ambassadeurs uit de EU-landen met mensen van het Amerikaanse State Department. Wij snapten niet goed wat wij daar deden, maar we kregen koffie en de mensen waren aardig. Ineens vroeg een mevrouw waarom wij daar waren. Terug naar de drukke hal om te wachten.

Ik ben niet iemand die zich snel laat intimideren en ik heb een hekel aan wachten. Toch vond ik het wachten in het Witte Huis op een afspraak met de president van de VS niet erg. Op een koningin en president wachten voelt zo normaal aan. Alsof het zo hoort. Maar alles bij elkaar duurde het nog geen tien minuten voordat we werden opgehaald. En ineens stond ik daar, in de *Oval Office*. President Clinton verwelkomde ons op de voor hem bekende manier. Hij kwam op ons af en legde een arm om mijn schouder. Heel kinderlijk misschien, maar op dat moment was mijn spanning weg. De ontmoeting zou zes minuten duren; in die tijd moest elk van ons zijn verhaal houden. Mijn verhaal duurde één minuut. Het, positieve, antwoord vier minuten. Zij waren akkoord. Het ging toen om patentrechten voor aidsmedicijnen voor mensen die het echt niet konden betalen, in Afrika en zo. De meeting liep 'gigantisch' uit, tot wel elf minuten...

President Bush moest niets hebben van dit soort ontmoetingen. Hij heeft nooit met een consumentenvertegenwoordiger willen spreken. Het State Department organiseerde wel elk jaar een meeting. De afkeer van Bush voor de consumentenorganisaties heeft ons niet gehinderd bij het lobbyen in Amerika. Presidenten komen en gaan, maar de consumentenbeweging blijft altijd bestaan.

WAAKHOND
mei 2008

Al een half jaar geleden heb ik minister Verburg aangesproken op het de-sastreuze beleid rond de Voedsel en Warenautoriteit (VWA). De afgelopen vijf jaar heeft politiek Den Haag diep in het vlees van deze toezichthouder gesneden. Het aantal medewerkers van de VWA slonk van 2500 tot 1500, terwijl het takenpakket alleen maar breder werd.

Dat soort grote bezuinigingsoperaties blijft zelden zonder gevolgen. Ik was dan ook niet verrast toen recent met veel bombarie aan het licht kwam dat er bij vee- en vleeskeuringen grote misstanden zijn sinds die keuringen door de vleessector zelf worden uitgevoerd. Ja, u leest het goed: typisch zo'n geval van de slager die zijn eigen vlees keurt. En die paar inspecteurs van de VWA die nog wel toezicht houden, worden door de vleesindustrie flink tegengewerkt. Toen de pers dit terecht aan de kaak stelde, volgden – zoals wel vaker in dit soort situaties – de krokodillentranen van de minister.

Naast de VWA kent Nederland nog tal van andere toezichthouders. Ik noem de AFM, Opta en NZa, maar er zijn er nog meer. Het zijn clubs die u en mij moeten beschermen tegen allerlei duistere praktijken. De toezicht-houders hebben samen een heel leger aan juristen, inspecteurs, controleurs en onderzoekers in dienst. Mooi, dat is dan goed geregeld.

Fout! Toezichthouders kampen stuk voor stuk met hetzelfde manco. Ze zijn bedoeld als stoere waakhond, maar de politiek degradeert ze keer op keer tot zielige 'Fifi-schoothondjes'. Je hebt er als consument steeds minder aan. De toezichthouders waarschuwen en geven bedrijven advies. Maar echt bijten – bijvoorbeeld in de vorm van fikse boetes – doen ze haast nooit en transparantie is ver te zoeken. Waakhond Fifi mag namelijk helemaal niet zeggen welke bedrijven de regels overtreden, zelfs niet als dat stelselmatig gebeurt. Als consument kom je zo nooit te weten in welke restaurants de keuken één grote bende is, en welke hypotheekadviseurs hun werk slecht doen. Dat is staatsgeheim.

Vreemd. Ik pleit voor volledige transparantie. Maak alle rapporten en inspectieresultaten openbaar. Dus uit die la en op internet die informatie. Het mes snijdt dan aan twee kanten. De consument kan er zijn voordeel mee doen en foute ondernemers zullen voortaan wel drie keer nadenken voor ze argeloze consumenten bedonderen. En als inspecteurs echt serieuze misstanden aantreffen moet het bedrijf nog dezelfde dag zijn deuren sluiten of de vergunning inleveren. Tot de boel weer op orde is.

Lik-op-stuk heet dat. Laat de regering en de Tweede Kamer daar maar eens werk van maken. Wij hebben dit als Consumentenbond al diverse malen aangekaart bij de politiek. Wat vindt u dat de bond er nog meer aan moet doen?

Geef de scheidsrechter rode kaarten in handen

Geen wedstrijd zonder een scheidsrechter! Zo is het ook in de vrije economie. Er zijn spelregels en er is toezicht op die spelregels. Dat is niet om de vrijheid te beperken, maar om deze mogelijk te maken. Als iedereen onbeperkt kan doen wat hij wil, is het namelijk snel gedaan met de vrijheid. Dan krijg je anarchie.

Het is jammer dat veel bedrijven en brancheorganisaties tegen toezichthouders zijn. Met hun lobby tegen toezichthouders zijn ze vaak succesvol. Zo is de oprichting van zowel de NMa als de Consumentenautoriteit jaren tegengehouden door het bedrijfsleven. De toezichthouder voor telecommunicatie, de Opta, is meer bezig met juridische processen dan met het houden van toezicht.

Eerst roept een branche dat toezicht administratieve rompslomp geeft en later wordt die rompslomp door de bedrijven zelf gecreëerd door tegen elke uitspraak in beroep te gaan. Bedrijfseconomisch is dat wel verstandig. Je legt met al die procedures en toezichthouder vakkundig stil en je hebt bovendien een kans om te winnen. Als additionele motivatie is er nog een kans dat de consequenties van de uiteindelijke uitspraak niet bij jou, maar bij de manager na jou komen te liggen. Die kan dan zijn handen in onschuld wassen. Fijn!

De kredietcrisis zorgt voor hernieuwde aandacht voor onze toezichthouders. Dit keer is De Nederlandsche Bank (DNB) de pineut. Die heeft niet gewaarschuwd tegen het Icesave-debacle en ook niet opgetreden tegen de vuile DSB-praktijken. Beide aantijgingen zijn onterecht, oneerlijk en een beetje dom. Het is de politiek die ervoor zorgt dat onze toezichthouders niet open mogen zijn. De scheidsrechters kunnen geen rode kaarten uitdelen. De politiek heeft namelijk bepaald dat de identiteit van overtredende bedrijven stil gehouden moet worden. Het aftreden van de baas van De Nederlandsche Bank helpt daar niet tegen. Dat voorkomt niet dat het een volgende keer weer gebeurt.

Optreden tegen slecht gedrag van banken wordt in Nederland niet door DNB gedaan, maar door de Autoriteit Financiële Markten, de AFM. Als er iemand iets had moeten doen, dan was het de AFM. Die bestaat trouwens pas sinds 2002. Daarvoor was er helemaal geen toezicht op het gedrag van banken. Dat illustreert maar weer dat consumentenbescherming in Nederland maar erg langzaam op gang komt.

In tegenstelling tot bijvoorbeeld de Amerikaanse overheid worden onze overheden panisch van angst als zij tegen een bedrijf moeten optreden. Een restaurant moet wel erg smerig zijn voordat het door de toezichthouder wordt gesloten. Zes dodelijke slachtoffers door de Q-koorts zijn voor de minister van Landbouw niet voldoende reden om te vertellen op welke boerderijen de Q-koorts heerst. En een bank die de boel oplicht, mag niet bij naam worden genoemd.

Ik pleit ervoor om de scheidsrechters rode kaarten te geven om uit te delen. En als dat niet kan, in ieder geval hun fluitjes hoorbaar te maken. Het zou toch veel beter zijn als alle rapporten van ambtenaren die toezicht houden, openbaar zouden worden (wellicht met een enkele uitzondering om ontwrichtende paniek bij burgers te voorkomen). Die openheid zal voor bedrijven een betere stimulans zijn om het goed te doen dan een derde controle, een vijfde gesprek of een boete ter waarde van een uur omzet.

Tot slot

'Hoe voelt het om het belangrijkste dat u ooit in uw leven zult doen, af te sluiten?' Deze vraag werd mij gesteld tijdens een afscheidsinterview. Ik had twaalf jaar als directeur bij de Consumentenbond gewerkt. De jonge vrouwelijke interviewer ging er van uit dat ik nooit meer iets zal doen wat belangrijker is. De kans dat zij gelijk krijgt, is levensgroot aanwezig.

Mijn periode als directeur van de Consumentenbond kan ik het beste omschrijven als een ritje in een bobslee. U weet wel, zo'n ding dat als een razende door een sneeuwgleuf zoeft. De Consumentenbond is dagelijks in het nieuws, met steeds weer andere onderwerpen. Er wordt verwacht dat we van al die onderwerpen goed op de hoogte zijn. Daarnaast is de Consumentenbond een gewoon bedrijf, dat inkomsten moet krijgen van klanten om te overleven. Pas nu ik rustig thuis aan het schrijven ben, realiseer ik mij in wat voor gekkenhuis ik de afgelopen jaren heb geleefd.

Een leuk gekkenhuis. Het werken bij de bond was een fantastische ervaring, die ik voor geen goud had willen missen. Ik ben de Raad van Toezicht en het ledenparlement dan ook dankbaar dat zij mij dit vertrouwen hebben willen geven. Als directeur heb je altijd een speciale relatie met de voorzitter van de Raad van Toezicht; die is eigenlijk je baas. Ik heb geboft dat mijn baas Thom de Graaf was en voor hem Walter Etty en Carel van Lookeren Campagne. Leiders met visie, waar ik veel van heb mogen leren.

Hier wil ik ook mijn collega-directeur Klaske de Jonge bedanken. 'Twee kapiteins op één schip, dat gaat nooit goed,' zeiden de mensen. Daar hadden ze mooi ongelijk in. Het is zeker mogelijk om een collegiale directie te hebben, en wij hebben dat laten zien.

De medewerkers van de Consumentenbond moesten de eerste tijd wel aan mij wennen. Een rare snoeshaan uit het bedrijfsleven. Met een marketingachtergrond nog wel! Het meest positieve commentaar daarop was: 'Met boeven vang je boeven'... De stemming werd er niet beter op toen mijn eerste taak bestond uit het saneren van de organisatie. Vanwege financiële problemen moesten wij het met 20% minder mensen doen. Ik heb de medewerkers toen beloofd dat er nooit meer rigoureuze saneringen zouden komen, maar wel een permanente reorganisatie. Een organisatie moet zich aanpassen aan de omgeving. Dat kan eens in de zoveel jaar met een grote klap gedaan worden, maar continue aanpassing is beter en minder pijnlijk.

Ik ben opgevolgd door Bart Combée. Bart doet het prima in zijn nieuwe functie en ik heb er alle vertrouwen in dat hij dit in de toekomst zal blijven doen.

En dan ben ik weer terug bij 'vertrouwen'.

Fotocredits

8 © Harmen de Jong Fotografie, Den Haag | 11 privécollectie Felix Cohen | 13 privécollectie Felix Cohen | 14 privécollectie Felix Cohen | 17 privécollectie Felix Cohen | 23 Fotolia © Guillermo Lobo | 26 Fotolia © Max Ironwas | 30 iStockphoto © Anthony Brown | 37 flickr © fuzheado | 40 iStockphoto © Brasil2 | 46 iStockphoto © Christian Lagereek | 54 Gemeentehuis Den Haag, Fotolia © Jan Kranendonk | 59 Fotolia © p!xel 66 | 62 iStockphoto © Brad Killer | 67 iStockphoto © Ruud de Man | 73 Fotolia © Maurizio Targhetta | 78 Fotolia © Sasha | 83 Das leben der anderen, www.thelivesofothers.com, Creado Film, arte, Wiederman & Berg Filmproduktion, Beyerischer Rundfunk, posterframe flickr © Marcin Wichary | 87 Kaufhaus des Westens Berlijn, flickr © shlomp-a-plompa | 90 privécollectie Felix Cohen | 95 flickr © Boris Veldhuijzen van Zanten | 100 Disneyland Parijs, flickr © j0k/JérémY | 103 Fotolia © Falko Matte | 108 Fotolia © Eric Gevaert | 115 DSB Stadion in Alkmaar © ANP-Photo | 118 Fotolia © michanolimit | 122 Dieneke Hengeveld | 127 Europees Commissaris Neelie Kroes © ANP-Photo | 130 Karien van Gennip met Marije Hulshof, de eerste directeur van de Consumentenautoriteit © Consumentenautoriteit | 135 privécollectie Felix Cohen | 138 Appartementen te koop in de Pijp, flickr © aloxe | 143 iStockphoto © Adam Kazmierski | 146 Fotolia © diego cervo | 151 Bill Clinton © World Economic Forum (www.weforum.org) swiss-image.ch/photo by Remy Steinegger | 154 Fotolia © shoot4u